Gustav Rümelin

Methodisches über juristische Personen

Gustav Rümelin

Methodisches über juristische Personen

ISBN/EAN: 9783743333208

Hergestellt in Europa, USA, Kanada, Australien, Japan

Cover: Foto ©ninafisch / pixelio.de

Manufactured and distributed by brebook publishing software (www.brebook.com)

Gustav Rümelin

Methodisches über juristische Personen

ÜBERREICHT VOM VERFASSER.

METHODISCHES

ÜBER

JURISTISCHE PERSONEN

VON

GUSTAV RÜMELIN
PROFESSOR DER RECHTE.

PROREKTORATSPROGRAMM.

FREIBURG i. B.
UNIVERSITÄTS BUCHDRUCKEREI VON CHR. LEHMANN.
1891.

I.

Wenn die Herstellung übereinstimmender Anschauungen, die Auffindung von Wahrheiten, welche allgemeine Anerkennung finden als das Ziel der wissenschaftlichen Thätigkeit betrachtet wird, so wird man kaum eine Lehre finden können, welche von diesem Ziel weiter entfernt ist als die von den juristischen Personen. Die Ansichten gehen hier nicht blos in Detailfragen auseinander, die Meinungsverschiedenheiten beziehen sich vielmehr gerade auf die allgemeinsten Fragen der Lehre; insbesondere sind in neuerer Zeit zwei Gelehrte aufgetreten, welche eine vollständige Umwandlung der Lehre von den juristischen Personen fordern. Brinz will bekanntlich die juristischen Personen überhaupt beseitigen und durch das

Zweckvermögen ersetzen und Gierke versucht, die aus dem römischen Recht stammenden juristischen Personen zu verdrängen und statt ihrer die deutsche Genossenschaft in das moderne Rechtsleben einzuführen.

Diese beiden Theorien teilen nun allerdings das Schicksal der meisten neuen Erscheinungen auf juristischem Gebiet, insofern sie mehr Widerspruch als Zustimmung gefunden haben, aber der Streit kann trotzdem entfernt nicht als ein ausgetragener betrachtet werden.

Wer nun in diesen Kontroversen Stellung zu nehmen sucht, stösst zunächst auf methodische Schwierigkeiten. Denn es gibt wohl kaum ein Gebiet des Civilrechts, auf welchem der Erörterung allgemeiner Fragen eine so grosse Bedeutung beigelegt wird, wie das der juristischen Personen. Mehr als in den meisten andern Lehren wird hier über Begriff und Wesen, über die Beziehung zu andern allgemeinen Begriffen und Principien gesprochen. Mit der Tendenz der jetzt herrschenden wissenschaftlichen Bewegung scheint das nicht in Einklang zu stehen; denn diese ist solchen principiellen Untersuchungen entschieden abgeneigt. Es ist ja speciell gegen die sogenannte Begriffsjurisprudenz in neuester Zeit viel und nicht ohne Erfolg polemisirt worden. Während die frühere Litteratur vielfach von der Anschauung beherrscht wird, dass es ein an sich feststehendes Wesen der juristischen

Begriffe und Verhältnisse gibt, ist jetzt wohl im Princip anerkannt, dass derartige apriorische Feststellungen nicht möglich sind. Und nicht blos dagegen hat man sich erklärt, dass solche Begriffsbestimmungen ohne Anlehnung an die historische Entwicklung der einzelnen Rechtsordnung oder unter Verallgemeinerung romanistischer Anschauungen mit dem Anspruch aufgestellt werden, für alle Rechtsordnungen zutreffend zu sein; man ist auch misstrauisch geworden gegen die Versuche, welche auf dem Boden einer einzelnen Rechtsordnung das Detail einer Lehre aus einer kurzen Definition abzuleiten und zu erklären unternehmen.

Aber diese Betrachtungen scheinen auf die wissenschaftliche Thätigkeit im Einzelnen bis jetzt noch keinen durchgreifenden Einfluss ausgeübt zu haben. Insbesondere sind auf dem Gebiet der juristischen Personen die principiellen Untersuchungen durchaus nicht in den Hintergrund gedrängt worden. Steht doch das neueste grosse Werk über juristische Personen, die Genossenschaftstheorie von Gierke, in einem Masse auf dem Boden der Begriffsjurisprudenz, wie dies kaum bei einem Werke der romanistischen Litteratur der Fall sein dürfte. Denn von Begriffsjurisprudenz wird man doch wohl reden können bei der eminenten Bedeutung, die Gierke seinen Begriffen der Genossenschaft und der gesammten Hand beilegt. Das ganze Werk ist ja eigentlich von dem Bestreben erfüllt, das Detail des tausend Seiten starken Bandes als Konsequenz aus den genannten Begriffen abzuleiten.

Wer die Abneigung gegen die Begriffsjurisprudenz teilt, der könnte vielleicht zunächst auf den Gedanken kommen, bei der Behandlung einer einzelnen Lehre von allen principiellen Untersuchungen über Wesen, Begriff und Natur abzusehen und sich nur der Behandlung der Einzelfragen zuzuwenden. Aber so sehr sich dieses Verfahren, und zwar besonders bei der Lehre von den juristischen Personen, durch seine Einfachheit empfehlen würde, so scheint es doch gerade hier nicht möglich, diesen Weg einzuschlagen. Die principiellen Untersuchungen sind in der Litteratur mit den speciellen vielfach so eng verbunden, dass ein Ausscheiden der ersteren nicht thunlich ist. Wenn man, wie das zum Beispiel bei Gierke so häufig der Fall ist, auf die Behauptung stösst, dass sich irgend ein Detailsatz aus einem allgemeinen Begriff oder Princip ergibt, so ist eine erschöpfende Untersuchung und Widerlegung nicht möglich, ohne dass auf die allgemeinen Fragen eingegangen wird. Ferner ist jene Verwerfung der Begriffsjurisprudenz einerseits viel zu unbestimmt, andererseits zu wenig fest begründet, als dass aus derselben die vollständige Nichtbeachtung aller begrifflichen Untersuchungen abgeleitet werden könnte. Bei dem Ausdruck Begriffsjurisprudenz, für den meines Wissens noch keine scharfe Definition aufgestellt ist, kann man an sehr verschiedenartige Dinge denken und die Verwertung derselben beruht bisher mehr auf allgemeinen Erwägungen als auf genauem Eingehen auf einzelne Lehren; und doch kann nur in letzterem volle Begründung und scharfe Präcisirung für ein derartiges Urteil gefunden werden. Wenn übrigens auch die weitere Forschung methodische Fehler der bisherigen Behandlungsweise aufdecken sollte, so ist doch nicht ohne weiteres anzunehmen, dass nun alles mit diesen Fehlern Zusammenhängende vollständig wertlos ist. Es ist nicht blos möglich, sondern auch wahrscheinlich, dass auch in principiell und methodisch anfechtbaren Erörterungen wertvolles Material enthalten ist. Es wird deshalb in der Lehre von den juristischen Personen ein Eingehen auf die allgemeinen und begrifflichen Fragen auch von dem nicht zu umgehen sein, der sich von derartigen Untersuchungen nicht viel verspricht und mehr negative als positive Resultate erwartet.

Methodische Betrachtungen sind in der die juristische Person behandelnden Litteratur kaum zu finden. Die Schriftsteller scheinen mehr oder weniger von der Vorstellung beherrscht zu sein, dass die Frage nach Begriff, Natur oder Wesen der juristischen Person einen klaren, einfach zu bestimmenden Sinn habe. Die in meiner juristischen Begriffsbildung im Allgemeinen gegen derartige Anschauungen geführte Polemik habe ich auch bei der Betrachtung der juristischen Person bestätigt gefunden. Ich habe den Eindruck gewonnen, dass in den allgemeinen Erörterungen über juristische Personen mannigfache Probleme von verschiedenem Wert und ungleicher Bedeutung behandelt und von keineswegs identischen Voraussetzungen abhängige Fragen besprochen werden, ohne dass die Unterschiede in der Litteratur deutlich hervortreten. Wenn deshalb nur ganz im Allgemeinen über Wesen und Natur der juristischen Personen, über die Begriffsbestimmung derselben verhandelt und gestritten wird, so ist die Bezeichnung des Problems eine viel zu allgemeine, es ist viel zu sehr die Möglichkeit gegeben, dass die streitenden Parteien mit ihren Behauptungen an verschiedene Verhältnisse und Beziehungen denken. Es scheint mir deshalb angezeigt, der materiellen Untersuchung eine Betrachtung über die Fragestellung vorauszuschicken und hierbei genauer, als bisher geschehen ist, den Sinn und die Bedeutung zu präcisiren, die den Fragen beigelegt werden können. Die Auseinanderlegung der auf diesem Gebiet durcheinander laufenden Probleme wird zugleich auch einige Aufklärung über die Beziehungen und Elemente gewähren, von denen in letzter Instanz die Beantwortung der aufzuwerfenden Fragen abhängt.

Wenn nun im Folgenden methodische Fragen behandelt werden, so bedarf es wohl kaum einer besonderen Versicherung, dass die nachstehenden Betrachtungen auf einer eingehenden Beschäftigung mit der Lehre von den juristischen Personen beruhen. Materielle und methodische Fragen hängen so eng zusammen, dass bei der Untersuchung eine Trennung derselben nicht möglich ist. Nur für die Darstellung scheint die Sonderung Vorteile zu bieten, wenn dieselbe auch nicht ganz durchzuführen ist und einzelne über methodische Fragen hinausgreifende Feststellungen nicht ganz zu vermeiden sein werden.

II.

So sehr auch bei der Auffassung der juristischen Personen die Ansichten auseinander gehen, so gibt es doch einige Punkte, in Bezug auf welche allgemeine Uebereinstimmung herrscht, welche unbestritten und in gewissem Umfang, wie wir sehen werden, auch unbestreitbar sind. Es empfiehlt sich, eine Basis für das Folgende durch die Feststellung zu gewinnen, was von allen Seiten gleichmässig anerkannt wird. Dieselbe wird keinen grossen Umfang einnehmen.

Eine Uebereinstimmung herrscht zunächst in Bezug auf den Sprachgebrauch insofern, als, von zweifelhaften Grenzregulirungsfragen abgesehen, sämmtliche Schriftsteller bei dem Ausdruck juristische Person an dieselben Rechtsverhältnisse denken. Und dieser Sprachgebrauch wird auch von denjenigen, welche den juristischen Personen die Existenzberechtigung absprechen, wenigstens insofern anerkannt, als sie bei der Polemik gegen die juristischen Personen doch wieder dieselben

Rechtsverhältnisse im Auge haben, bei denen die herrschende Ansicht mit juristischen Personen operirt.

Eine beinahe vollständige Uebereinstimmung — die durch das Wort beinahe gegebene Einschränkung ist namentlich mit Rücksicht auf Bolze notwendig — herrscht dann insofern, als bei Korporationen, Stiftungen, überhaupt bei den Lebenserscheinungen, bei denen mit dem Begriff der juristischen Person operirt zu werden pflegt, wieder, wie bei den rechtlichen Beziehungen der einzelnen Menschen, mit dem Begriff des Rechts im subjektiven Sinn, der Verpflichtung, des Vermögens und ähnlichen operirt wird. Man stimmt der Hauptsache nach darin überein, dass das, was auf diesem Gebiet juristisch geschieht oder zu geschehen hat, den deutlichsten und besten Ausdruck findet, indem auch hier die Denkform des subjektiven Rechts und die damit zusammenhängenden Begriffe verwendet werden.

Sofern subjektive Rechte und Pflichten angenommen werden, besteht dann weitere Uebereinstimmung darin, dass bei der juristischen Person die Rechte und Pflichten nicht direkt an die beteiligten Menschen, sondern an einen neuen, selbständigen Beziehungspunkt angeknüpft werden. Ueber die nähere Beschaffenheit dieses Beziehungspunktes gehen die Ansichten auseinander, aber in der Annahme eines solchen stimmen sowohl die Anhänger der juristischen Person als auch diejenigen überein, welche von juristischen Personen nichts wissen und an Stelle derselben das Zweckvermögen setzen wollen. Denn auch hier wird ja ein Beziehungspunkt für das Vermögen und die dasselbe bildenden rechtlichen Beziehungen gesetzt, derselbe — von Brinz Gehörpunkt genannt — wird nur anders aufgefasst als von der herrschenden Lehre, die mit juristischen Personen operirt.

Eine solche Anknüpfung ist auch bei Ihering vorhanden, obgleich derselbe erklärt, dass die wahren Rechtssubjekte diejenigen Personen seien, denen das Vermögen der juristischen Person schliesslich zu gute kommt. Diese abweichende Auffassung, auf die zurückzukommen sein wird, hat nur darin ihren Grund, dass Ihering den Begriff des Rechtssubjekts anders auffasst, als es sonst üblich ist.

Auch Gierke wird als zustimmend betrachtet werden dürfen; denn wenn er auch unter Umständen eine Mitberechtigung der Genossenschaftsmitglieder an dem Vermögen der Genossenschaft annimmt, so geht er doch von einer Anknüpfung des Vermögens an die Genossenschaft aus.

Diese Uebereinstimmung beruht auf einer inneren Notwendigkeit. Die Annahme der letzteren stützt sich nicht auf eine naturrechtliche Anschauung, auf einen Rückfall in unzulässige Begriffsjurisprudenz, als ob der Begriff der juristischen Person an sich gegeben oder wenigstens mit bestimmten Merkmalen ausgestattet wäre, sondern darauf, dass die juristische Person in ein positives Rechtssystem einzutreten bestimmt ist. Wenn man eine Rechtsordnung als gegeben annimmt, in der mit dem Begriff des subjektiven Rechts, der Verpflichtung, der Klage operirt wird und in welcher solche Rechte und Verpflichtungen zu Vermögen verbunden werden, so ergibt sich die Notwendigkeit eines Beziehungspunktes für diese Rechte und Pflichten, sobald man solche annimmt, von selbst. Der Begriff des subjektiven Rechts, der Verpflichtung fordert notwendig einen Beziehungspunkt, an den das Recht, die Pflicht angeknüpft wird. Was für einen Sinn es hat, wenn andere Dinge als Menschen, Sachen, irgend welche nur in Gedanken existirende Dinge als diese Beziehungspunkte gesetzt werden, kann vorläufig dahin gestellt bleiben, aber das wird zunächst feststehen, dass ein Recht oder eine Pflicht, ohne dass ein Beziehungspunkt gesetzt, ohne dass gesagt wird, wer berechtigt, wer verpflichtet ist, keinen vernünftigen Sinn hat. Und dies gilt nicht blos dann, wenn man die Definition des Rechts im subjektiven Sinn auf den Willen abstellt und von einer Willensmacht oder etwas ähnlichem redet, auch die unrichtige Auffassung, welche die Rechte als rechtlich geschützte Interessen ansieht, wird um das Zustehen der Rechte nicht herum kommen und angeben müssen, wessen Interessen geschützt oder wem der Schutz, die Schutzmittel in die Hand gegeben werden.

Wenn in der früheren Litteratur öfters die Notwendigkeit der Annahme juristischer Personen behauptet wurde, da Rechte, Vermögen ohne Subjekt, ohne eine Person nicht existiren können, so dass ein künstliches Subjekt, die juristische Person, geschaffen werden müsse, so scheint mir in dieser Argumentation eben insofern ein richtiger Gedanke enthalten zu sein, als damit die Notwendigkeit eines Beziehungspunktes zum Ausdruck kommt. Ob dieser Beziehungspunkt als Rechtssubjekt aufzufassen ist, ist eine weitere Frage, auf die später zurückzukommen sein wird.

Die Uebereinstimmung, von der ich gesprochen habe, erstreckt sich nun allerdings nicht auf die von mir angenommene Notwendigkeit eines Beziehungspunktes für jedes subjektive Recht. Von verschiedenen Schriftstellern wird die Existenz von subjektlosen Rechten angenommen. Eine derartige Annahme kann sich aus einer besonderen Auffassung des Rechtssubjektes ergeben und sofern dies der Fall ist, soll erst später auf dieselbe eingegangen werden. Nun gibt es aber auch Schriftsteller, welche von subjektlosen Rechten in dem Sinn reden, dass auch nicht einmal ein Beziehungspunkt in dem vorstehend angegebenen Sinn angenommen wird. Zu diesen Schriftstellern gehört z. B. Bekker (Pandekten §. 18), der lebhaft für Rechte ohne Subjekt und für Anerkennung eines objektiven Rechtsbestands eintritt.

Bekker zählt folgende Fälle auf, in denen der objektive Rechtsbestand wesentlich unverändert andauert, obgleich kein Berechtigter vorhanden ist.

1. Die hereditas jacens.
2. Das Vermögen des kriegsgefangenen Römers.
3. Das Vermögen des Verschollenen, noch nicht für todt Erklärten, wobei besonders an den Fall zu denken sei, wo der Verschollene thatsächlich bereits verstorben ist.
4. Das Vermögen eines pium corpus oder sonstiger Stiftung. Korporations-, Aktiengesellschafts- und andere Gesellschaftsvermögen dürfen nach Bekker nicht herangezogen werden.
5. Gewisse res extra commercium, die in Niemandes Eigentum stehen.
6. Die zu öffentlichen Sammlungen gegebenen, noch nicht verteilten Sachen. Dieselben stehen nach Bekker nicht mehr im Eigentum des Gebers, noch nicht im Eigentum derer, denen sie zugedacht sind, zur Zeit auch nicht, sofern es sich nicht um Geld handelt, im Eigentum derer, welche die Verteilung übernommen haben.

Von verwandten Fällen, die Bekker heranzieht, will ich noch den Fall der Auslobung anführen. Nach der Theorie, dass der einseitige Akt verpflichte, ist hier für den Auslobenden bereits eine Gebundenheit begründet, obschon die korrespondirende Berechtigung Niemand zusteht.

In den meisten der von Bekker angeführten Fälle fehlt es an dem, was ich einen Beziehungspunkt des Rechtes nenne, durchaus nicht; denn ein solcher ist natürlich vorhanden, wenn der Berechtigte nur verhindert ist, seine Rechte geltend zu machen oder wenn Rechte für ein erst in der Zukunft auftretendes Rechtssubjekt aufbewahrt werden. Auch bei den öffentlichen Sammlungen liesse sich ein Beziehungspunkt in ähnlicher Weise wie bei den Stiftungen wohl finden, sofern man nicht, was ich vorziehen würde, bis zur Verteilung stets Eigentum der Geber oder der Sammler annimmt.

Aber bei den res extra commercium, die in Niemandes Eigentum stehen und doch nicht okkupirt werden können, bei der Auslobung — die angeführte Theorie als richtig betrachtet — ist eine Gebundenheit vorhanden, ohne dass eine korrespondirende Berechtigung angenommen werden kann. Ich bestreite jedoch, dass hier ein Recht ohne Subjekt, überhaupt noch ein Recht im subjektiven Sinn vorliegt. Man braucht sich nur die üblichen Definitionen des Rechtes im subjektiven Sinn zu vergegenwärtigen, um sich davon zu überzeugen, dass die hier in Frage stehenden Verhältnisse unter keine der gangbaren Definitionen subsumirt werden können.

Bekker hat es nun allerdings vermieden, eine Definition

des Rechtes im subjektiven Sinn zu geben (zu vergl. Pandekten §. 18 im Eingang) und sich dadurch wenigstens formell die Möglichkeit erhalten, alles Beliebige Recht zu nennen. Wenn er aber sagt, jedes Recht verleiht dem, dem es zusteht, dem Berechtigten, etwas, ein Dürfen, Können, eine Fähigkeit, so lehnt er sich dabei doch an die übliche Auffassung des subjektiven Rechts an, von der aus Rechte ohne Subjekt in dem Sinn, in dem er sie annimmt, zweifellos verworfen werden müssen.

Bekker behauptet, die herrschende Ansicht, welche keine Rechte ohne Subjekt anerkennen wolle, stehe im Widerspruch mit den Erscheinungen des geltenden Rechts und es liege hier wieder einer der Fälle vor, in denen die theoretische Deduktion der Entwicklung des geltenden Rechts zu weichen habe. Köppen (Erbrecht S. 239) verlangt, von demselben Gedanken ausgehend, der Begriff des Rechts dürfe nicht so definirt werden, dass mit demselben jede subjektlose Existenz von Rechten im Widerspruch steht. Um die subjektlosen Rechte mit zu umfassen definirt Köppen das Recht als eine durch Verwirklichung ihrer Voraussetzungen aus ihrer abstrakten Allgemeinheit herausgetretene Rechtsvorschrift des Inhalts, dass die Möglichkeit dieser oder jener Handlungen für bestimmte Personen anerkannt und offen gelassen werden soll. (Aehnlich Lehrbuch des Erbrechts §. 2 S. 45).

Bei Bekker wird dann die Ablehnung der subjektlosen Rechte noch in einen weitern wissenschaftlichen Zusammenhang gebracht, indem er dieselbe auf die Ueberschätzung des Subjekts und des Individuums zurückführt, die sich auch sonst in der Wissenschaft geltend mache.

Hier scheint mir ein unnötig grosser Gedankenapparat in eine verhältnissmässig sehr einfache Frage hereingezogen zu werden. Es fällt wohl keinem Juristen ein, die rechtlichen Erscheinungen, auf die Bekker sich stützt, in Abrede zu stellen und es befindet sich deshalb auch Niemand im Widerspruch mit den Erscheinungen des praktischen Lebens. Es handelt sich mithin nur um eine Subsumtions- und um eine Gruppirungs- respektive Definitionsfrage; erstens, können die fraglichen Erscheinungen unter den üblichen Begriff des Rechts im subjektiven Sinn subsumirt werden und ferner, da diese Frage zweifellos zu verneinen, ist nicht der Begriff des subjektiven Rechts so umzuformen und zu erweitern, dass er jene Fälle mit umfasst? Die letztere Frage ist aber offenbar nicht von dem Wert, den man dem Individuum beilegt, sondern nur davon abhängig, ob eine so erweiterte Definition zusammengehörige Fälle umspannen würde, von denen sich irgendwie gemeinschaftliche Aussagen machen lassen. Die Beweislast in dieser Richtung wird denen zugeschoben werden können, welche die herrschende Begriffsbestimmung angreifen. Ohne eine sehr eingehende Begründung werden Definitionen wie die Köppens, die eine gründliche Widerlegung wohl kaum beanspruchen kann, schwerlich Anhänger finden.

Bekker scheint der Ansicht zu sein, dass seine Gegner durch unrichtige theoretische Anschauungen beeinflusst werden; vielleicht kann ihm dieser Vorwurf zurückgegeben werden. Ist nicht etwa Bekker bei seinem Bestreben, Rechte ohne Subjekte anzunehmen und die Gebundenheit der Objekte in den Vordergrund zu stellen, unbewusst durch die von ihm allerdings wohl kaum geteilte Vorstellung beeinflusst, dass die rechtlichen Wirkungen nicht durch die Rechtssätze statuirt werden, sondern aus den Rechtsbegriffen emaniren? Wie die Rechte im subjektiven Sinn vielfach als die Quelle und die Grundlage der rechtlichen Erscheinungen angesehen werden, so soll auch in der Gebundenheit des Objekts und in dem subjektlosen Recht für andere Rechtsverhältnisse die notwendige Basis erst geschaffen werden. Sollte es nun nicht dem gegenüber das Einfachere sein, sich bei dem legislatorischen Imperativ zu beruhigen? Wenn der Gesetzgeber z. B. sagt, dass das Meeresufer res nullius sei und nicht okkupirt werden könne, so ist damit eine ausreichende und vollständig deutliche Regulirung des Verhältnisses gegeben. Wenn man daneben noch von Gebundenheit des Meeresufers oder gar von einem subjektlosen Recht spricht, so wird damit zum mindesten nichts gewonnen, so wenig als der Rekrut klüger wird, wenn man ihm hinter dem rechts und links um einen begrifflichen Hintergrund aufbaut. Mit der Annahme von subjektiven Rechten auf Grund von Imperativen der Rechtsordnung hat es eine andere Bewandtniss. Dieselbe hat eine wertvolle praktische Bedeutung; insbesondere wird durch sie die Abhängigkeit, in der sich die Imperative von dem Willen des Berechtigten befinden, zum Ausdruck gebracht. Indem ferner durch das Recht im subjektiven Sinn das durch verschiedene Imperative geregelte Rechtsverhältniss bezeichnet wird, ist die Möglichkeit gegeben, von der Entstehung, dem Untergang, der Veränderung, der Geltendmachung dieses Verhältnisses, eben des subjektiven Rechts zu reden und so das mannigfache Ineinandergreifen der Imperative in einfacher Weise auszudrücken. Von all dem ist in den Fällen, in denen Bekker Rechte ohne Beziehungspunkt annehmen will, insbesondere bei den res extra commercium nicht die Rede und darin liegt ein weiterer entscheidender Grund gegen die Forderung, diese Fälle mit dem Begriff des subjektiven Rechts zu umfassen.

Wenn das subjektive Recht an irgend einen Beziehungspunkt angeknüpft ist, so ist damit ein Postulat erfüllt, das sich aus dem Begriff des subjektiven Rechts ergibt, aber es ist noch keine Gestaltung erzielt, welcher vernünftiger Sinn und praktischer Wert innewohnt. Damit die Verleihung eines

Rechts einen wirklichen Wert habe, ist erforderlich, dass dasselbe mit einem menschlichen Willen in Verbindung gebracht wird, der es ausübt und geltend macht. Und darin stimmen nun auch wieder sowohl die Gestaltungen des Rechtslebens als die theoretischen Darstellungen überein, dass bei jeder juristischen Person Menschen vorhanden sein müssen, deren vernünftiges Handeln in ihren Dienst gestellt wird. Es werden demnach bei der juristischen Person — und hierin wird Uebereinstimmung angenommen werden können — Rechte an einen Beziehungspunkt angeknüpft und mit demselben werden wieder menschliche Individuen in Verbindung gebracht, welche zur Ausübung und Geltendmachung dieses Rechtes berufen sind. Dass diese Verbindung einer eingehenden Detailnormirung bedarf und so zu einer mehr oder weniger umfassenden Organisation führt, bedarf keiner weiteren Begründung.

Wenn man den Begriff des subjektiven Rechts und die Art und Weise, wie dasselbe mit menschlichen Individuen verknüpft wird, als etwas Gegebenes annimmt, so ergibt sich aus der Verbindung eines Rechts mit einem andern Beziehungspunkt als einem Menschen die negative Konsequenz, dass die bei der juristischen Person irgendwie beteiligten Menschen nicht selbst berechtigt, nicht selbst verpflichtet sind. Mit der Anknüpfung des Vermögens an die juristische Person ist die Loslösung von den beteiligten Menschen gegeben. Und auch in diesem Punkt kann wieder Uebereinstimmung konstatirt werden, wenigstens bei den Romanisten. Dass auch die Germanisten, insbesondere Gierke dem zustimmen, wird sich nicht behaupten lassen. Sowohl die romanistischen Anhänger der juristischen Person als die Verteidiger des Zweckvermögens stimmen darin überein, dass die Menschen, welche zu der juristischen Person, respektive dem Zweckvermögen als Korporationsmitglieder, Destinatäre, Beamte, Vertreter in Beziehung stehen, nicht selbst berechtigt und verpflichtet sind, dass sie also nicht ohne weiteres für sich in eigener Person die Rechte ausüben, durch Klage geltend machen können, dass sie nicht für die Verpflichtungen der juristischen Person einzustehen haben. Hiermit ist durchaus nicht unvereinbar, dass diesen Menschen durch die Organisation der juristischen Person wieder derartige Rechte und Pflichten eingeräumt und auferlegt werden können. Hierauf ist in anderem Zusammenhang zurückzukommen.

III.

Mit dem Bisherigen dürften der Hauptsache nach die Punkte erledigt sein, in Bezug auf welche Uebereinstimmung herrscht. Dieselbe ist nur in Bezug auf die allgemeinsten Verhältnisse vorhanden. Die Meinungsverschiedenheiten treten sofort auf, sobald man näher auf die Lehre eingeht. Die weitgehendste Meinungsverschiedenheit, welche schon berührt werden musste, besteht scheinbar zwischen Brinz und der herrschenden Ansicht, da es sich hierbei um die Existenzberechtigung der juristischen Personen, die Brinz durch das Zweckvermögen ersetzen will, handelt. Unter den Anhängern der juristischen Person herrscht dann in erster Linie darüber Streit, ob die juristische Person etwas Wirkliches, Reales oder etwas Fingirtes, eine reale oder eine fingirte Person sei; daneben tritt auch noch die Behauptung auf, die juristische Person sei nichts Fingirtes, sondern etwas Vorgestelltes. Eine weitere Reihe von Fragen und Streitigkeiten wird durch das Verhältniss der juristischen Person zum Begriff des Rechtssubjekts und durch die Frage ausgelöst, welche Stellung bei der Korporation den Korporationsmitgliedern zunächst in theoretischer Beziehung zukommt. Liegen bei der juristischen Person subjektlose Rechte vor oder ist die juristische Person selbst Subjekt oder sind die Korporationsmitglieder, die Stiftungsdestinatäre als die Subjekte zu bezeichnen? Ferner besteht Streit über die Abgrenzung der juristischen Person und mit der Grenzregulirung hängt die Frage zusammen, ob etwa Zwischenbildungen anzunehmen seien, welche eine Mittelstellung zwischen juristischer Person und Societas einnehmen. Endlich ist bestritten, was personificirt wird und in Bezug auf die Personifikation ist einerseits die Behauptung aufgestellt worden, dass sie in einem tiefen Zug der Menschennatur zur Persönlichkeit ihren Grund habe, während die Annahme juristischer Personen von anderer Seite als ein Kunstgriff der juristischen Technik bezeichnet wird.

Die zwei zuletzt angeführten Ansichten suchen Aufschlüsse über die Gründe zu geben, welche zu der Annahme juristischer Personen geführt haben. Die übrigen Fragen, respektive die entsprechenden Behauptungen stellen sich, formell logisch betrachtet, beim ersten Anblick als Subsumtionsfragen dar, indem der Begriff der juristischen Person irgend einem allgemeineren Begriff unterstellt werden soll. Eine genauere Betrachtung der einzelnen Streitfragen zeigt jedoch, dass einerseits den

Subsumtionen eine verschiedene Bedeutung zukommen kann, dass es sich andererseits nicht ausschliesslich um Subsumtionsfragen handelt. Die Subsumtion kann insbesondere die Tendenz haben, eine allgemeine Formulirung zu gewinnen, in der die für juristische Personen geltenden Detailsätze zusammengefasst werden. Da diese Versuche in der Litteratur eine grosse Rolle spielen, da ferner auch derartige zusammenfassende Formulirungen vorkommen, die kaum mehr logisch als Subsumtionen aufgefasst werden können, so scheint es mir angezeigt, die Formulirungsfragen als selbständige Gruppe neben die Subsumtionsfragen zu stellen, obgleich eine ganz scharfe Grenzziehung zwischen beiden Gruppen nicht möglich ist. Eine grosse Bedeutung kommt ferner in der Litteratur dem Gedanken zu, dass der Begriff der juristischen Person auch abgesehen von der Subsumtionsmöglichkeit in enger Beziehung zu andern Begriffen, insbesondere zu dem Begriff der Person, des Rechtssubjekts, des Rechts im subjektiven Sinn stehe, und dass er mit denselben sich in vollem Einklang befinden müsse. Es besteht die berechtigte Forderung, dass die so zusammengehörigen Begriffe, respektive die in denselben enthaltenen oder auf sie bezüglichen Rechtssätze zu einem einheitlichen, widerspruchslosen System vereinigt werden. Man kann so Subsumtions-, Formulirungs- und Systemfragen unterscheiden.

IV.

Wenn bei den Subsumtionsfragen untersucht wird, ob der Begriff der juristischen Person sich andern allgemeineren Begriffen, z. B. dem des Fingirten, des Vorgestellten, des Realen unterordnen lässt, — auch die Fragen, ob, eventuell was personificirt werde, können hierher gezogen werden — so finden diese Betrachtungen schon in dem Bestreben, unsere Vorstellungen und Begriffe in einen geordneten Zusammenhang zu bringen, eine gewisse Rechtfertigung. Eine viel grössere Bedeutung würden aber diese Subsumtionen dann haben, wenn in Bezug auf jene allgemeinen Begriffe irgend welche Sätze gelten würden, so dass die juristische Person durch die Subsumtion zugleich diesen Regeln unterstellt wäre. Zu einer weiteren Präcisirung der Fragen gelangt man vielleicht, wenn man unterscheidet, ob der bei der juristischen Person vorhandene Thatbestand oder die von der Rechtsordnung getroffene und sanktionirte Gestaltung, also die Rechtsfolge subsumirt werden soll. Regelmässig wird allerdings wohl bei der Subsumirung an die rechtlich organisirte juristische Person, also an die Rechtsfolge gedacht, aber bei Gierke kann man wenigstens zweifelhaft sein, ob sein Gedanke nicht dahin geht, dass der Thatbestand selbst, an den die rechtliche Organisation sich anschliesst, unter den Begriff der Wirklichkeit zu subsumiren sei und eben deshalb bestimmte Rechtsfolgen nach sich ziehen müsse.

Ob die Subsumtion der juristischen Person unter einen höher stehenden Allgemeinbegriff in der angegebenen Weise zu weiteren wertvollen Sätzen führt, muss die fernere Untersuchung zeigen, ich kann an dieser Stelle nur meiner Vermutung Ausdruck geben, dass dies nicht oder wenigstens nicht in erheblichem Umfang der Fall sein wird.

Von reinen Subsumtionsfragen kann jedoch nur insofern die Rede sein, als der Begriff, unter den subsumirt werden soll, fest abgegrenzt ist. Ist das nicht der Fall, so lautet die entscheidende Frage nicht, wie, respektive, ob zu subsumiren, sondern wie der Oberbegriff abzugrenzen ist. Ich habe den Eindruck, dass der häufig vorkommende Fehler, dass Definitionsfragen als Subsumtionsfragen behandelt werden, gerade bei der juristischen Person oft vorkommt. Denn wenn z. B. gefragt wird, ob bei der juristischen Person die Korporationsmitglieder oder Destinatäre die Subjekte seien oder die gedachte Person, oder ob etwa subjektlose Rechte vorhanden seien, so scheint mir dabei auf der Hand zu liegen, dass nur der Begriff des Rechtssubjekts fraglich ist und dass wir durch die Beantwortung der Frage etwas weiteres über juristische Personen nicht erfahren. Wem es z. B. feststeht, dass nur der genussberechtigte Mensch Rechtssubjekt sein kann, für den ist die Entscheidung, dass die Korporationsmitglieder die Rechtssubjekte sind, nicht im mindesten zweifelhaft. Auch wenn lebhaft darüber gestritten wird, ob bei der juristischen Person eine wirkliche oder eine fingirte Person vorhanden sei, so scheint mir auch wieder in erster Linie der Umstand an dem Streit Schuld zu sein, dass die Begriffe der Wirklichkeit und der Fiktion nicht scharf abgegrenzt sind und dass der Streit gerade um diese Abgrenzung geführt wird. Die Differenz nun aber als Subsumtionsfrage und nicht als Definitionsfrage zu formuliren, scheint mir deshalb fehlerhaft, weil hierbei nicht deutlich hervortritt, was eigentlich unsicher und bestritten ist. Spricht man in richtiger Weise von einer Definitionsfrage, so wird deutlicher auf die Punkte hingewiesen, von denen die Entscheidung abhängt und es wird zugleich die Erwägung nahe gelegt, dass die Frage nicht notwendig eine Antwort finden muss. Ich kann in dieser Richtung auf meine juristische Begriffsbildung verweisen und will hier nur bemerken, dass die genaue Abgrenzung derartiger Begriffe entweder auf Grund des Sprachgebrauchs erfolgen kann oder mit Rücksicht auf

Sätze, welche sich über die betreffenden Begriffe aufstellen lassen. Der Geltungsbereich dieser Sätze kann dann zur Fixirung der Begriffe verwendet werden. Wo aber solche Sätze nicht aufgestellt werden können und der Sprachgebrauch kein scharf präcisirter ist, da wird es auch an jedem Anhalt für eine genaue Abgrenzung der Begriffe fehlen; denn die Grenzen der Begriffe stehen ebensowenig an sich fest, als die Begriffe selbst.

V.

Aus dem oben erwähnten allgemein anerkannten Satz, dass bei der juristischen Person die Rechte und Pflichten an einen neuen Beziehungspunkt angeknüpft werden, ergeben sich einige Konsequenzen, auf die im Folgenden noch einmal zurückzukommen sein wird. In Bezug auf dieselben liegt nun der Versuch nahe, durch eine weitere Formulirung die Detailsätze in grösserem Umfang zusammenzufassen und ausserdem neue Detailsätze zu gewinnen. In grösstem Umfang wird dieser Versuch in dem Werke von Gierke, die Genossenschaftstheorie, gemacht, indem hier, wie schon erwähnt, zahlreiche Konsequenzen aus der Formulirung des Genossenschaftsbegriffs abgeleitet werden. Wenn man die verschiedenen Theorien von dem Satz aus prüft: an ihren Früchten sollt ihr sie erkennen, so präsentirt die Gierke'sche Lehre sich zunächst sehr günstig, während der Urheber der Zweckvermögenstheorie selbst kaum den Versuch macht, seine Lehre zur Zusammenfassung oder Neuschaffung von Einzelsätzen zu verwenden. Die genaue Untersuchung der betreffenden Theorien wird diese Verhältnisse besonders zu beachten haben. Meine Untersuchungen hierüber sind noch nicht abgeschlossen, ich habe aber vorläufig den Eindruck, dass aus der Brinz'schen Lehre allerdings nichts Wertvolles oder Neues folgt, dass es sich aber mit der Theorie Gierkes ebenso verhält. Die Deduktionen, mit denen Gierke Konsequenzen aus seinem Begriff ableitet, sind meines Erachtens unrichtig. Die Theorie von Brinz lässt sich einem Baum vergleichen, der keine Früchte trägt, die Lehre Gierkes einem Baum, der zwar in reichem Früchteschmuck prangt, bei dem aber eine genauere Betrachtung zeigt, dass die Früchte nicht auf dem Baum gewachsen, sondern künstlich aufgesteckt sind.

Einer allgemeinen Formulirung, die eine grössere Zahl von Detailsätzen umfasst, kann verschiedene Bedeutung zukommen. Es ist möglich, dass dieselbe keine andere Funktion hat, als die, die schon vorher feststehenden Detailsätze zusammenzufassen und so zur Vereinfachung der Darstellung beizutragen. Es kann aber auch sein, dass sich aus der allgemeinen Formulirung weitere Detailsätze als Konsequenzen ableiten lassen, die nicht ausdrücklich vom Gesetzgeber ausgesprochen sind oder nicht sonst zweifellos feststehen. In diesem Fall ist die Zulässigkeit der allgemeinen Formulirung davon abhängig, ob die Geltung der weiteren Detailsätze irgendwie nachgewiesen werden kann. (Zu vergl. meine Rede: Werturteile und Willensentscheidungen im Civilrecht).

Auch in historischer Beziehung kann der allgemeinen, zusammenfassenden Formulirung eine verschiedene Bedeutung zukommen. Es ist möglich, dass dieselbe den bei der Rechtserzeugung beteiligten Personen mehr oder weniger deutlich vorgeschwebt und so die Bildung der Rechtssätze mit beeinflusst hat, auch wenn dies in den Quellen nirgends deutlich ausgesprochen ist. In diesem Fall wird die Annahme, dass die weiteren nicht ausgesprochenen Konsequenzen der allgemeinen Formulirung ebenfalls dem vermutlichen Willen des Gesetzgebers entsprechen, besonders naheliegend sein. Es ist aber auch möglich, dass die allgemeine Formulirung erst nachträglich von der Wissenschaft aufgestellt wird, nachdem die Rechtsbildung der Hauptsache nach zum Abschluss gekommen ist.

Wie oben schon bemerkt wurde, können die zusammenfassenden Formulirungen auf dem Weg der Subsumtion erfolgen. Indem z. B. Gierke seiner Genossenschaft die Eigenschaft, etwas Reales zu sein, beilegt oder was dasselbe sagen will, dieselbe dem Begriff des Realen unterstellt, glaubt er dadurch die für die Genossenschaft geltenden Rechtssätze in grossem Umfang zusammenzufassen, während bei der der Gierke'schen

Lehre entgegenstehenden Auffassung, dass die juristische Person etwas Fingirtes sei, diese Absicht der Zusammenfassung wohl kaum besteht. Ob man von Subsumtion auch noch dann reden will, wenn zur Formulirung nicht ein schon gegebener Begriff verwendet, sondern speciell für die besprochenen Verhältnisse ein neuer Ausdruck und Begriff, wie z. B. der des Zweckvermögens, der Personenrolle gebildet wird, ist wohl von geringer Bedeutung. Man kann allerdings sagen, es werde der neue Begriff zunächst gebildet und dann unter denselben subsumirt; ich bin aber doch geneigt, hier nicht mehr von Subsumtion zu reden.

VI.

Die Systemfragen, auf die schliesslich noch einzugehen ist, spielen in den allgemeinen Erörterungen über den Begriff der juristischen Person ebenfalls eine grosse Rolle. Denn der Begriff der juristischen Person, sowie der des Zweckvermögens wird in mannigfacher Weise mit anderen Begriffen und Rechtssätzen in Verbindung gebracht. So nimmt Brinz (Pandekten §. 443) sogar einen Zusammenhang zwischen dem Zweckvermögen und den Begriffen des Eigentums und des Besitzes an, die er von der herrschenden Auffassung abweichend definirt, während er Eigentum und Besitz in der üblichen Begriffsbestimmung als mit dem Zweckvermögen unvereinbar zu betrachten scheint. Insbesondere sind es aber die Begriffe Rechtssubjekt und Recht im subjektiven Sinn, welche zu dem Begriff der juristischen Person in Beziehung gesetzt werden. Und zwar handelt es sich hierbei durchaus nicht blos um Subsumtionsfragen, bei denen die Begriffe des Rechtssubjekts und des Rechts im subjektiven Sinn als feststehend betrachtet werden und nur Streit darüber besteht, ob die Erscheinungen bei der juristischen Person unter diese Begriffe subsumirt werden können. Die Begriffe Rechtssubjekt und Recht im subjektiven Sinn werden vielfach als variable Grössen behandelt und so zu gestalten versucht, dass sich die Erscheinungen bei der juristischen Person bequem unter sie unterordnen lassen. So sucht beispielsweise Bernatzik (Archiv für öffentliches Recht B. 5 S. 204 ff.) nachzuweisen, dass es mit Rücksicht auf die bei der juristischen Person vorkommenden Erscheinungen unmöglich sei, mit der herrschenden Meinung die Definition des Rechtes im subjektiven Sinn auf den Willen abzustellen.

Rein logisch betrachtet stellen sich diese Fragen teilweise als Definitionsfragen dar. Es handelt sich darum, die allgemeinen Begriffe des subjektiven Rechts, des Rechtssubjekts so zu fassen, dass auch die bei der juristischen Person vorkommenden Erscheinungen unter dieselben subsumirt werden können. Aber diese logische Form ist nicht immer bei den Systemfragen vorhanden. Es ist insbesondere auch möglich, dass der allgemeine Begriff, z. B. der des Rechtssubjekts, enger gefasst wird, so dass die juristische Person nicht mehr unter denselben fällt.

Wie schon bemerkt wurde, ist die Forderung vollständig berechtigt, dass, falls bei der juristischen Person von Rechten im subjektiven Sinn und von Rechtssubjekt gesprochen wird, die Definition dieser Begriffe eben darauf Rücksicht zu nehmen hat. Die Begriffe sind stets genau in demselben Sinn zu verwenden, und die Rechtssätze, die etwa in den verschiedenen Lehren aufgestellt werden, müssen sich in vollem Einklang befinden. In diesen Zusammenhang gehört die schon oben gemachte Feststellung, dass durch das Recht im subjektiven Sinn ein Beziehungspunkt gefordert wird, an den dasselbe anzuknüpfen ist. Aber ich habe mich nicht davon überzeugen können, dass die Verhältnisse bei der juristischen Person irgendwie eine besondere Gestaltung der Lehre vom Rechtssubjekt oder vom Recht im subjektiven Sinn notwendig machen, dieselben scheinen mir vielmehr mit jeder beliebigen Definition der angeführten Begriffe vereinbar zu sein. Hierauf ist im Folgenden genauer einzugehen.

Wenn es richtig wäre, die Rechte im subjektiven Sinn als rechtlich geschützte Interessen zu definiren, so wäre keinerlei Schwierigkeit vorhanden, mit dem so fixirten Begriff auch bei den juristischen Personen zu operiren. Dies bedarf wohl kaum einer besonderen Begründung; näher liegend ist, die Definition des Rechts im subjektiven Sinn, welche auf den Willen abstellt, mit den Verhältnissen bei der juristischen Person unvereinbar zu halten. Die Polemik gegen die herrschende Auffassung stützt sich allerdings in erster Linie darauf, dass infans und Wahnsinniger willensunfähig und trotzdem berechtigt sind, könnte aber ebensogut auf die Berechtigung juristischer Personen basirt werden, wenigstens dann, wenn man keine Willens- und Handlungsfähigkeit der juristischen Personen annimmt.

Ich bin nun entschieden der Meinung, dass die herrschende Ansicht diesen Begriffen gegenüber aufrecht zu erhalten ist. Wenn Ihering (Geist des römischen Rechts §. 60) die Rechte als rechtlich geschützte Interessen definirt, so liegt auf der Hand und ist auch schon öfters bemerkt worden, dass die Gleichstellung von Recht und Interessen unrichtig ist. Aber auch abgesehen davon sind noch verschiedene weitere Einwendungen gegen die Ihering'sche Theorie begründet. Soll mit derselben nur gesagt sein, dass die Rechte dem Berechtigten in seinem Interesse verliehen werden, so wird Niemand Einsprache gegen diese Behauptung erheben. Und es könnte sich nun zunächst nur darum handeln, ob diese Thatsache in die diagnostische Definition des Rechts — eine solche steht natürlich in Frage — aufzunehmen sei, was meines Erachtens besser verneint wird, weil es sich hierbei nur um eine sehr naheliegende, wenn nicht selbstverständliche Erwägung handelt, auf die nicht besonders verwiesen zu werden braucht.

Ihering ist aber weiter der Ansicht, dass die Definition, die von einem Wollendürfen oder etwas Aehnlichem redet, falsch sei. Ein Wollendürfen, eine Willensmacht könne nicht einem Willensunfähigen verliehen werden. Ich vermag nun nicht einzusehen, weshalb man eine Befugniss nur demjenigen verleihen kann, welcher von derselben Gebrauch zu machen in der Lage ist. Man könnte etwa sagen, dass die Verleihung einer Befugniss unter diesen Umständen keinen Wert habe und die Rechtsordnung würde sich diesem Vorwurf aussetzen, wenn sie sich darauf beschränkte, dem Willensunfähigen Rechte zu verleihen. Das thut sie bekanntlich nicht, sondern gibt sehr ausführliche Bestimmungen darüber, von wem und in welcher Weise die zunächst dem Willensunfähigen zugewiesenen Befugnisse geltend zu machen sind. Die Bestimmung, welche dem Willensunfähigen eine Willensmacht verleiht und die hierauf gestützte Definition des subjektiven Rechts ist deshalb nicht unvernünftig, sondern nur unvollständig. Darin liegt aber kein Uebelstand, da es sich ja nur um eine diagnostische Definition oder um eine vorläufige Normirung handelt, die nicht die Materie erschöpfen, sondern nur die Grundlage für die detaillirte Darstellung bilden soll (zu vergl. meine juristische Begriffsbildung S. 23).

So wenig demnach vom infans, Wahnsinnigen, der juristischen Person eine bestimmte Forderung bezüglich der Definition des Rechts im subjektiven Sinn abgeleitet werden kann, so wenig ist es umgekehrt zulässig, von der auf den Willen gestellten Definition Argumente für die Handlungs- und Willensfähigkeit juristischer Personen abzuleiten, wozu vielleicht Gierke und seine Anhänger geneigt sind. Erklärt doch Gierke (Genossenschaftstheorie S. 28), dass nach heutiger Rechtsanschauung ausschliesslich die Träger menschlicher Willensmacht zu Rechtssubjekten geeignet seien und später (S. 609) bemerkt er, dass in dem Willen der Kern der Rechtssubjektivität zu erblicken sei. Zu der Berechtigung der infantes und Wahnsinnigen passen diese Behauptungen schlecht und Gierke sucht sich über diese Schwierigkeiten durch die Wendung (S. 610) hinwegzuhelfen, dass das Recht auch den keimhaften und verkümmerten Willen als menschlichen Willen werte und dem Willen dieser Personen nicht das rechtliche Dasein, sondern nur die Fähigkeit rechtswirksamer Aeusserungen abspreche. Gierke hat seine Behauptung, dass der Wille den Kern der Rechtssubjektivität bilde, nicht näher begründet und dadurch wird seine Widerlegung etwas erschwert. Wenn jedoch seine Behauptung auf dem zwar unrichtigen, aber naheliegenden Gedanken beruht, dass die Rechte in Willensmacht bestehen und dass deshalb der Berechtigte willensfähig sein müsse, so liegt auf der Hand, dass es hierbei nur auf den Willen des Handlungsfähigen, nicht auf einen keimhaften oder verkümmerten Willen, auf die Fähigkeit rechtswirksamer Aeusserungen, nicht auf das rechtliche Dasein des Willens, unter dem man sich schlechterdings nichts denken kann, ankommt.

Meines Erachtens können Rechte nicht blos an infantes und Wahnsinnige, an Korporationen und Stiftungen oder Anstalten angeknüpft werden, sondern auch an jeden beliebigen Begriff oder Namen. Die Statuirung von Rechten hat keinen vernünftigen Sinn, wie oben ausgeführt wurde, wenn mit denselben nicht ein menschlicher vernünftiger Wille in Verbindung gebracht wird, der sie geltend zu machen hat. Aber wenn die Rechte einmal nicht einem vernünftigen handlungsfähigen Menschen direkt zugewiesen werden, sondern die Verbindung nur eine indirekte ist, so kann als Mittel der Verbindung jede beliebige Bezeichnung verwendet werden. Wenn ich sage, dass Rechte und Pflichten für die Nummer 1891 erworben, respektive begründet werden können und dass ein bestimmter Mensch das betreffende Vermögen zu verwalten und in bestimmter Weise zu verwenden habe, so ist eine formale Schwierigkeit nicht vorhanden, eine solche ergibt sich namentlich nicht aus dem Begriff des Rechts im subjektiven Sinn. Die in dem angeführten Beispiel gegebene Rechtsgestaltung ist allerdings eine unvollständige insofern, als notwendig eine Zweckbestimmung hinzutreten muss, falls ein einigermassen vernünftiges Resultat erzielt werden soll. Ohne eine solche Zweckbestimmung wäre ja schlechterdings nicht deutlich, weshalb der Mensch, welcher das Vermögen zu verwalten hat, nicht selbst berechtigt und verpflichtet ist. Eine derartige Unvollständigkeit ist dann nicht vorhanden, wenn die Anknüpfung des Vermögens z. B. an einen Blödsinnigen, an ein Tier, ein Haus, eine öffentliche Parkanlage stattfindet, da hier in dem Anknüpfungspunkt zugleich ein Hinweis auf eine Zweckbestimmung enthalten ist. Ob nun derartige Regulirungen angemessen und empfehlenswert sind, ist eine andere Frage, auf die ich hier nicht eingehe. (Uebereinstimmend Burckhard. Zur Lehre von den juristischen Personen. Zeitschrift für das öffentliche und private Recht der Gegenwart. Band 18, Seite 19.)

Ebensowenig wie zwischen Recht im subjektiven Sinn und juristischer Person besteht zwischen dem letzteren Begriff und dem des Rechtssubjekts ein Zusammenhang, der eine besondere Gestaltung auf der einen oder anderen Seite notwendig macht.

Der Begriff des Rechtssubjekts ist nichts an sich Feststehendes; man wird auch nicht behaupten können, dass ein bestimmter Sprachgebrauch in Bezug auf das Wort Rechtssubjekt besteht. Wenn deshalb in der Litteratur das Wort Rechtssubjekt in verschiedenem Sinn gebraucht wird, so kann nicht die eine oder andere Auffassung von vornherein als unrichtig bezeichnet, sondern es kann nur die eine Auffassung als die zweckmässigere empfohlen und die Forderung gestellt werden, dass das Wort durchgehends genau in demselben Sinn gebraucht werde.

Dies scheint mir z. B. bei Windscheid nicht der Fall zu sein. Windscheid sagt (Pandekten §. 49): „Die Person, deren Wille als maassgebend erklärt ist, ist das Subjekt des Rechtes". Im weiteren Verlauf des Paragraphen wird dann ausgeführt, dass in Bezug auf juristische Personen eine doppelte Möglichkeit vorhanden sei, entweder Rechte ohne Rechtssubjekt anzunehmen oder eine nur vorgestellte Person als Subjekt der Rechte zu betrachten. Da Windscheid sich (§. 59) gegen die Willensfähigkeit juristischer Personen ausspricht, so hält er an seiner ursprünglichen Definition nicht fest, wenn er die willensunfähige juristische Person als Rechtssubjekt bezeichnet. Windscheid musste von seiner Definition aus bei der Annahme subjektloser Rechte stehen bleiben, wenn er sich nicht dazu verstehen wollte, die für die juristische Person handelnden Menschen als die Rechtssubjekte zu bezeichnen.

Aber die Windscheid'sche Definition kann nicht an sich als unrichtig bezeichnet werden, ebensowenig wie die Auffassung Jherings, der (Geist des römischen Rechts §. 60 und 61) die Interessenten, also bei der juristischen Person die Destinatäre, denen das Vermögen schliesslich zu gute kommt, als die Rechtssubjekte bezeichnet.

Wenn man diese Auffassungen allerdings mit der anderen vergleicht, welche einfach denjenigen, dem das Recht zusteht, den Berechtigten als das Rechtssubjekt bezeichnet, (so z. B. Bekker, Pandekten §. 19, Dernburg. Pandekten I. §. 49) so wird die Entscheidung zu Gunsten der letzteren Auffassung nicht schwer fallen. Es ist durchaus überflüssig, für den Dispositionsbefugten oder den Interessenten noch weiter das Wort Rechtssubjekt zu verwenden, umsomehr als die Gedankengänge unrichtig sind, welche zu diesen Auffassungen des Rechtssubjekts geführt haben. Die Jhering'sche Theorie beruht auf dem schon widerlegten Gedanken, dass die Rechte rechtlich geschützte Interessen seien und Windscheid scheint (Pandekten §. 49) den Begriff des Rechtssubjekts aus seinem Begriff des subjektiven Rechts abzuleiten. Dass diese Deduktion keine zwingende ist, ergibt sich aus dem obigen Nachweis, dass eine Willensmacht ganz gut auch einem Willensunfähigen verliehen werden kann.

Empfehlenswerter als die eben besprochenen Auffassungen ist vielleicht die von Bekker (Pandekten §. 19, Beilage II) befürwortete Einschränkung des Begriffs Rechtssubjekt auf die Fälle, in denen ein Mensch berechtigt ist. Aus diesem Vorschlag, den übrigens Bekker selbst richtig als auf zweckmässige Regulirung des Sprachgebrauchs gerichtet bezeichnet, ergibt sich in einfacher Weise, dass die Rechte der juristischen Person kein Subjekt haben.

Wenn ich oben ausgeführt habe, dass es Rechte ohne einen Beziehungspunkt, an den sie geknüpft werden, nicht geben kann, so steht damit die Annahme von Rechten ohne Subjekt durchaus nicht im Widerspruch. Die bisherigen Ausführungen zeigen, dass es nicht notwendig ist, jeden Beziehungspunkt, an den Rechte geknüpft werden, als Rechtssubjekt zu bezeichnen. Sobald man den Begriff des Rechtssubjekts enger abgrenzt, ist auch die Möglichkeit gegeben, dass Rechte vorkommen, die zwar einen Beziehungspunkt, aber kein Subjekt haben.

Wie nun aber auch die Definition des Rechtssubjekts lauten mag, so wird sie doch jedenfalls durch die Lehre von den juristischen Personen in keiner Weise beeinflusst. Wird einfach Rechtssubjektivität und Berechtigung gleichgesetzt, so wird es keinem Anstand unterliegen, auch die juristischen Personen zu den Rechtssubjekten zu zählen. Wird dagegen irgend ein engerer Begriff des Rechtssubjekts aufgestellt, so müssen bei der juristischen Person subjektlose Rechte angenommen werden und ich vermag nicht einzusehen, weshalb diese Annahme unzulässig sein sollte. Namentlich ist es in keiner Richtung von praktischer Bedeutung, ob man den Begriff des Rechtssubjekts weiter oder enger abgrenzt.

Die Betrachtungen über das Rechtssubjekt haben übrigens nicht blos die Tendenz, den Begriff aus der Definition des subjektiven Rechts oder sonst wie abzuleiten oder wenigstens einen passenden Sprachgebrauch vorzuschlagen. vielfach ist auch das Bestreben vorhanden, den Begriff des Rechtssubjekts so zu fassen, dass aus demselben bestimmt werden kann, wer im konkreten Fall berechtigt ist, wem das Recht zusteht. Von dieser Auffassung geht Bekker in dem Aufsatz: Zur Lehre vom Rechtssubjekt aus. (Zu vergl. Jahrbücher für Dogmatik B. 12, S. 1 ff. insbesondere die Fragestellung S. 4.) Aber auch in den Pandekten scheint er noch von dieser Vorstellung beherrscht zu sein, obgleich er manches von dem früheren Aufsatz aufgegeben hat. Diese Auffassung ist nun noch genauer zu prüfen, da möglicherweise in dieser Richtung ein Zusammenhang zwischen Rechtssubjekt und juristischer Person vorhanden sein könnte.

Der Paragraph der Bekker'schen Pandekten über das Rechtssubjekt beginnt folgendermassen:

„Subjekt eines Rechts ist derjenige, dem dasselbe zusteht. Begründet wird die Zuständigkeit durch den (originären oder derivativen) Erwerb. Kenntlich aber ist die Zuständigkeit des Rechts

1) allgemein an der dem Subjekt zuständigen Disposition oder Verfügung, die bald von dem Subjekt selber, bald von anderen zu diesem in bestimmten (Vollmachts-) Verhältnissen stehenden Personen zu üben ist;

2) insbesondere bei den Vermögensrechten an der Zugehörigkeit zu dem Vermögen des Subjekts, die wieder darin besonders hervortritt, dass alle von dem Subjekt kontrahirten Schulden die zu dem Vermögen gehörigen Rechte ohne weiteres ergreifen."

Wenn Bekker nur die zwei ersten Sätze geschrieben hätte, so wäre ich ganz einverstanden und dieselben wären vollständig ausreichend. Wem ein Recht zusteht, bestimmt der Erwerbsakt, aber ich sehe nicht ein, weshalb nicht auch aus dem Erwerbsakt kenntlich wird, wem das Recht zusteht und weshalb zu dieser Feststellung noch auf andere Faktoren rekurrirt werden soll. Wenn wir von den Grenzgebieten der juristischen Person, in denen es zweifelhaft ist, ob eine solche oder ein societätähnliches Gebilde angenommen werden soll, bei dem das Vermögen den Mitgliedern der Societät zusteht, absehen, so gibt es meines Wissens auf dem Gebiet des Privatrechts keinen Fall, in dem es theoretisch zweifelhaft wäre, wem ein Recht zusteht, so dass eine Fixirung mit Hülfe der von Bekker angeführten Faktoren erfolgen könnte.

Für die genaue Abgrenzung der juristischen Person können aber die von Bekker angeführten Umstände erst recht nicht verwendet werden. Nehmen wir an, es besteht ein Verein mit Beamten, die für ihn zu handeln bevollmächtigt sind. Soll man nun zunächst unter Verwendung der Ausführung Bekkers feststellen, ob diese Beamten Bevollmächtigte der socii oder der juristischen Person sind, um daraus abzuleiten, ob eine juristische Person vorliegt oder nicht? Offenbar muss der letztere Punkt zuerst festgestellt werden und die Zuständigkeit der Rechte wird deshalb nicht aus der Dispositionsbefugniss und den Vollmachtsverhältnissen kenntlich.

Was den zweiten von Bekker angeführten Punkt anbelangt, die Haftung für die Schulden, so soll nicht in Abrede gestellt werden, dass derselbe bei der Frage, ob eine juristische Person anzunehmen ist, mit Berücksichtigung zu finden hat. Es wird sich aber bei genauerer Behandlung dieser Frage und auch schon bei den folgenden methodischen Betrachtungen zeigen, dass bei derselben mannigfache Umstände zu beachten sind und es ist zunächst nicht einzusehen, warum die Schuldenhaftung allein Berücksichtigung finden soll.

Jedenfalls ergibt sich aus dem Umstand, dass das gemeinschaftliche Vermögen für die besondern, mit dem Verein nicht zusammenhängenden Schulden der Vereinsmitglieder nicht haftet, nicht die Notwendigkeit einer juristischen Person. Wenn ich Mitglied eines Vereins bin, bei dem die actio communi dividundo wirksam dauernd ausgeschlossen ist und bei welchem mit dem Austritt jede Berechtigung an dem Vereinsvermögen erlischt, so haftet dieses Vermögen für meine besondern Schulden zweifellos nicht. Es ist mir aber nicht ersichtlich, wie daraus mit Notwendigkeit folgen soll, dass kein Societätsverhältniss und keine Berechtigung der Vereinsmitglieder angenommen werden kann.

Die Dispositionsbefugniss und die Schuldenhaftung sind Konsequenzen der Berechtigung. Wenn ich ein Recht habe, so kann ich oder derjenige, dem die Dispositionsbefugniss über mein Vermögen zusteht, über dasselbe verfügen, so haftet das Recht für meine Schulden, sofern nichts anderes bestimmt ist. Die Möglichkeit einer andern Regulirung von vornherein in Abrede zu stellen, scheint mir nicht angängig zu sein. Wäre eine derartige Negation richtig, so liesse sich der Satz in Bezug auf die Schuldenhaftung auch umdrehen und man könnte dann mit Bekker sagen, dass derjenige und nur derjenige berechtigt ist, dessen Schulden das betreffende Recht ergreifen. Es ist aber zunächst gar nicht ersichtlich, was für einen Vorteil eine solche Einschränkung bieten würde. Weshalb soll man sich von vornherein die Möglichkeit nehmen, auch da von Berechtigung zu reden, wo eine Schuldenhaftung nicht vorliegt, wenn andere Gründe für eine derartige Ausdrucksweise sprechen sollten. Gründe allgemeiner Natur lassen sich aber für jenen Satz wohl kaum beibringen. Er kann nichts anderes sein — und das entspricht wohl auch der Auffassung von Bekker — als ein zusammenfassender Ausspruch über die thatsächlich vorkommenden Rechtserscheinungen, als die Behauptung, dass thatsächlich Berechtigung und Schuldenhaftung stets Hand in Hand gehen. Dann kann der Satz aber selbstverständlich nicht zur Beantwortung von Einzelfragen, also auch nicht zur Entscheidung der Frage verwendet werden, ob in einem einzelnen Fall juristische Person oder Societas vorliegt, ist vielmehr seinerseits von der Grenzregulirung zwischen diesen beiden Instituten abhängig.

Es ist mir nicht wahrscheinlich, dass speciell bei den juristischen Personen das Resultat der Bekker'schen Behauptung entsprechen wird. Es ist mir ferner zweifelhaft, ob sich nicht auch sonst Fälle finden lassen, welche mit der Theorie Bekkers nicht im Einklang stehen. Wenn sich z. B. ein Handwerker die zur persönlichen Ausübung des Berufs unentbehrlichen Gegenstände kauft, so können dieselben nicht gepfändet werden. Die Konsequenz, dass diese Gegenstände für die Schulden des Handwerkers nicht haften, wird kaum abzulehnen sein und soll man deshalb auch das Eigentum des Handwerkers in Frage stellen?

Bekker ist übrigens vielleicht nicht nur durch das Bestreben, im einzelnen Fall festzustellen, wer berechtigt ist, zu seiner Behandlung des Subjektbegriffs gekommen. Auch noch andere Betrachtungen und Erwägungen können dazu führen, eine genauere und inhaltreichere Definition des Rechtssubjekts aufzustellen. Ein Eingehen hierauf dürfte für die weitere Klarlegung des Sachverhalts dienlich sein, wobei allerdings dahingestellt bleiben muss, ob die folgende Ausführung die Anschauungen Bekkers trifft.

Man kann einmal fragen, weshalb die Rechtsordnung dem infans, dem Wahnsinnigen die Vorteile zuwendet, welche mit dem Haben von Rechten verbunden sind und man kann hiervon die andere Frage unterscheiden, weshalb sich die Rechtsordnung hierbei der Form bedient, dass sie die betreffenden Menschen zu Rechtssubjekten macht. Bei der Beantwortung der letzteren Frage scheint nun der Gedanke nahe zu liegen, dass die Stellung des Wahnsinnigen materiell der des geistig Gesunden irgendwie gleichkommen müsse, dass es einen materiellen Inhalt des Rechtssubjektbegriffs geben müsse, der überall gleichmässig vorhanden ist, wo der Begriff Verwendung findet und der nun auch den Gesetzgeber — mag er sich selbst dessen bewusst sein oder nicht — bei der Verwendung des Begriffs leitet.

Derartige Betrachtungen können möglicherweise in Bezug auf eine Rechtsordnung zutreffen, aber sie sind durchaus nicht notwendig zutreffend und haben schwerlich auf die Ausbildung des römischen Rechts eingewirkt. Wenn der Gesetzgeber findet, dass er zu einer einfachen und deutlichen Regulirung der Verhältnisse gelangt, indem er die Rechte und Pflichten zunächst an den infans, den Wahnsinnigen, an die juristische Person anknüpft, und dann wieder bestimmten anderen Menschen Rechte und Pflichten in Bezug auf die so geschaffenen Vermögen einräumt, so liegt darin schon ein genügender Grund, in den betreffenden Fällen Rechtssubjekte anzunehmen. Verschiedene Gründe können diese Ausdrucksweise noch besonders nahe legen, so beim Wahnsinnigen der Umstand, dass er vor der Erkrankung berechtigt gewesen ist, beim infans die Aussicht, dass er nach erreichter Volljährigkeit vollberechtigt sein wird.

Der Gesetzgeber verwendet den Begriff des Rechtssubjekts oder den der Berechtigung dann, wenn es ihm aus irgend welchen Gründen angezeigt erscheint, Rechte an Menschen oder an sonst etwas anzuknüpfen. Eine Kritik des Gesetzgebers wäre nur möglich, wenn nachgewiesen würde, dass keine oder keine genügenden Gründe für diese Anknüpfung vorliegen, dass sich aus derselben gar keine Konsequenzen ableiten lassen und dass sie deshalb bedeutungslos ist.

In dem Normalfall der Berechtigung, wenn die Rechte einem volljährigen, geistig gesunden Menschen zustehen, hat die Zuweisung des Rechts bestimmte Konsequenzen. Diese Konsequenzen werden nun auch überall, wo von Berechtigung die Rede ist, eintreten, sofern ihr Ausschluss sich nicht von selbst versteht oder vom Gesetzgeber angeordnet ist. Aber dass nun ein gewisser Grundstock vorhanden sein muss, der stets gleichmässig zurückbleibt, der vom Gesetzgeber niemals ausgeschlossen werden kann und der durch eine Definition, die dann das eigentliche Wesen der Rechtssubjektivität zum Ausdruck bringt, gefasst werden kann, ist eine unbegründete Annahme. Vielleicht liegt aber eine derartige Anschauung, wenn auch nicht deutlich formulirt und erkannt, den Bestrebungen zu Grunde, welche auf eine genauere und namentlich materiell inhaltreichere Definition des Begriffes Rechtssubjekt gerichtet sind. Ich kann vielleicht die Auffassung, die mir die richtige zu sein scheint, noch in folgender Weise anschaulich machen. Die Zuweisung eines Rechts hat im Normalfall die Wirkung a; der Gesetzgeber kann nun aber auch die Wirkung a im Allgemeinen statuiren und einiges, x davon wieder wegnehmen. In der Formel a—x, die sich so ergibt, kann nun x jede beliebige Grösse haben, jeder Teil von a kann durch x beseitigt werden, die Verwendung der Formel a—x ist nur davon abhängig, dass überhaupt noch eine positive Grösse übrig bleibt.

Die für das Civilrecht aufgestellte Behauptung, dass es, von den juristischen Personen abgesehen, keinen Fall gebe, in dem Zweifel darüber obwalten, wer der Berechtigte ist, trifft vielleicht auf dem Gebiet des öffentlichen Rechts nicht zu und es gibt hier Fälle, in denen es zweifelhaft ist, wem das Recht zusteht. Darüber, ob hier durch eine Definition des Rechtssubjekts weiter zu kommen ist, wage ich ein bestimmtes Urteil nicht abzugeben. Ich will nur auf einen Versuch eingehen, der mit Hülfe einer Definition des Rechts im subjektiven Sinn und des Rechtssubjekts die Zuständigkeit öffentlicher Rechte zu bestimmen unternimmt, aber meines Erachtens auch nicht zum Ziel gelangt.

Rosin behandelt in seinem Aufsatz: Souveränität, Staat, Gemeinde, Selbstverwaltung unter anderem die Frage, ob die Gemeinde eigene Rechte hat oder ob sie nur Rechte des Staates ausübt und verwendet zur Beantwortung dieser Frage folgende Definitionen (S. 25): „Recht ist ein von der Rechtsordnung verliehenes Wollendürfen in eigenem Interesse, ein rechtliches Für-Sich-Wollendürfen. Persönlichkeit ein Wesen, welchem das Recht einen eigenen Lebenszweck zuerkennt, zu dessen Realisirung es ihm Rechte, d. h. ein andere Persönlichkeiten bestimmendes Wollendürfen verliehen hat. Subjekt eines bestimmten konkreten Rechts ist diejenige Persönlichkeit, in deren Interesse dasselbe von der Rechtsordnung verliehen ist, auf deren Lebenszweck es als Mittel bezüglich ist."

Für die Persönlichkeit wird demnach die Zuerkennung eines eigenen Lebenszweckes, für die Rechtssubjektivität das eigene Interesse, die Beziehung auf den eigenen Lebenszweck als Ausschlag gebend bezeichnet. Hiervon wird zunächst die Zuerkennung eines eigenen Lebenszweckes als ein wertloses Element beseitigt werden können. Denn wenn man frägt, worin es sich manifestire, dass die Rechtsordnung einem Wesen einen eigenen Lebenszweck zuerkennt, so wird darauf nur zu antworten sein, dass dies durch die Verleihung von Rechten geschieht. Es bleibt dann nur die Verweisung auf das Interesse übrig, aber es erscheint mir sehr zweifelhaft, ob mittelst desselben die aufgeworfene Frage entschieden werden kann. Wenn gesagt wird, Rechte der Gemeinde oder Rechte des Staats, je nachdem es sich um Interessen der ersteren oder des letzteren handelt, so scheint mir auf der Hand zu liegen, dass diese Interessen so eng verschlungen sind, dass die Scheidung derselben nicht wohl die Grundlage für die Beantwortung der Frage bilden kann, ob gewisse Rechte der Gemeinde oder dem Staat zustehen.

Rosin lässt die von ihm gemachte Unterscheidung von Rechten des Staates und solchen der Gemeinde nur für den sprachlichen Ausdruck von Bedeutung sein, da er (S. 31) es ausdrücklich ablehnt, praktische Konsequenzen aus dem Gegensatz abzuleiten. Ob der Staat der Gemeinde die Geschäfte entziehen oder in ihre freie Entschliessung eingreifen kann, hängt nach Rosin mit der Annahme eigener Rechte der Gemeinde gar nicht zusammen. Unentziehbarkeit und Unbestimmbarkeit sind nicht für die Annahme des eigenen Rechts und ebensowenig sind ihre Gegensätze für das nur vertretungsweise ausgeübte fremde Recht entscheidend.

Wer von privatrechtlichen Anschauungen ausgeht, wird wohl geneigt sein, hiergegen Einsprache zu erheben. Wenn der Gemeinde ausdrücklich ein Recht verliehen ist, so scheint mir daraus zu folgen, dass der Staat der Gemeinde die Ausübung des Rechts nur dann entziehen und sie nur dann in der Ausübung ihrer Rechte beeinflussen kann, wenn ihm diese Befugnisse ausdrücklich eingeräumt sind, während sich die Möglichkeit der Entziehung und der Beeinflussung von selbst versteht, wenn die Gemeinde nur Mandatarin des Staates ist. Damit scheint mir nun unvereinbar, dass die Unentziehbarkeit und Unbestimmbarkeit in keiner Beziehung zu der Annahme des eigenen Rechts steht. Wie auf dem Gebiet des Privatrechts, so scheinen sich auch hier aus der Annahme eines eigenen Rechts gewisse Konsequenzen zu ergeben, zunächst die Unentziehbarkeit und Unbestimmbarkeit, wahrscheinlich noch verschiedene andere. Wenn der Gesetzgeber irgendwem eigene Rechte verleiht, so werden jene Konsequenzen der eigenen Berechtigung Platz greifen, sofern sie nicht durch die Gesetzgebung wieder ausdrücklich beseitigt sind. Hat sich der Gesetzgeber über die Frage, wer berechtigt ist, nicht ausgesprochen, so wird die Entscheidung der Frage davon abhängen, ob und in welchem Umfang die Konsequenzen der eigenen Berechtigung realisirt sind. Daraus, dass also z. B. der Gemeinde Befugnisse zum Handeln verliehen sind, in welche der staatliche Einfluss nicht einzugreifen vermag, kann sehr wohl geschlossen werden, dass die Gemeinde ein eigenes Recht hat, oder, was vielleicht die richtigere Formulirung ist, die Unabhängigkeit der Gemeinde kann sehr wohl durch die Annahme eines eigenen Rechts zum Ausdruck gebracht werden. Und dem steht der Umstand nicht entgegen, dass es Fälle gibt, in denen der Staat in die Rechtsausübung der Gemeinden einzugreifen befugt ist. Denn die Konsequenzen, die sich aus der eigenen Berechtigung ergeben, sind nicht notwendig mit derselben verbunden, sondern sie treten nur ein, sofern nichts Abweichendes bestimmt ist und deshalb kann wohl aus dem Platzgreifen der Konsequenzen auf das Vorhandensein eines eigenen Rechts geschlossen, aber nicht aus dem Fehlen der Konsequenzen die Negirung eines eigenen Rechts abgeleitet werden.

Wenn also auf dem Gebiet des öffentlichen Rechts Fälle vorkommen, in denen es zweifelhaft ist, wem eine Berechtigung zusteht, so scheint mir nach dem Vorstehenden, dass die Schwierigkeiten nicht durch eine allgemeine Definition des Rechtssubjekts beseitigt werden können. Es wird vielmehr darauf ankommen, genau festzustellen, welche Konsequenzen sich aus der eigenen Berechtigung, da, wo eine solche zweifellos vorliegt, ergeben und dann zu untersuchen, inwieweit diese Konsequenzen in den fraglichen Fällen nach den Intentionen des Gesetzgebers einzutreten haben. Nur dadurch wird meines

Erachtens die richtige Grundlage für die Entscheidung der betreffenden Fragen gewonnen.

Auf dem Gebiet des Privatrechts glaube ich mit grösserer Zuversicht die Behauptung aufstellen zu können, dass den um den Begriff des Rechtssubjekts gravitirenden Untersuchungen eine erhebliche Bedeutung nicht zukommt, dass namentlich die Lehre von den juristischen Personen nicht durch irgend welchen Zusammenhang mit dem Begriff des Rechtssubjekts beeinflusst wird und dass jedenfalls dem, der einen solchen Zusammenhang behauptet, die Beweislast zuzuschieben ist. Bei den vorher besprochenen Formulirungsfragen musste allerdings die Möglichkeit, zu wertvollen zusammenfassenden Formulirungen zu gelangen, offen gehalten werden. Im Grossen und Ganzen kann aber wohl die Behauptung aufgestellt werden, dass das Resultat, welches sich bei eingehenderer Behandlung der im Vorstehenden besprochenen theoretischen Fragen ergeben dürfte, voraussichtlich kein wichtiges und wertvolles sein wird.

VII.

Wichtiger scheint eine andere Reihe von Fragen zu sein, welche die Abgrenzung der juristischen Personen betreffen. Wie ist die Grenzlinie zwischen juristischer Person und Societas zu ziehen, wann sind die Erscheinungen des Lebens unter den einen, wann unter den andern Begriff zu stellen? Damit hängt dann eng die weitere Frage zusammen, welche Funktion dem Begriff der juristischen Person zukommt, d. h. welchen Sinn und welche Bedeutung es hat, wenn eine Erscheinung des Rechtslebens dem Begriff der juristischen Person unterstellt wird.

Dass die Grenzlinie zwischen juristischer Person und Societas zweifelhaft ist, hat in erster Linie in folgenden Erscheinungen seinen Grund.

Neben den Gestaltungen, die auf dem Gebiet des gemeinen Rechts als juristische Personen anerkannt sind, gibt es noch andere, wie z. B. die Aktiengesellschaft und die offene Handelsgesellschaft, welche eine eingehende gesetzliche Normirung erhalten haben, ohne dass sich der Gesetzgeber darüber ausgesprochen hat, ob hier eine juristische Person vorliegt. An diese Sachlage schliesst sich der noch nicht geschlichtete Streit an, ob die betreffenden Gesellschaften juristische Personen seien oder nicht.

Ferner kommt in Betracht, dass sowohl bei der juristischen Person, insbesondere der Korporation, als auch bei der Societas eine Aus- und Umbildung durch den Parteiwillen teils notwendig, teils möglich ist. Bei der juristischen Person wird das Vermögen zunächst von den beteiligten Menschen losgelöst, aber es ist dabei nicht ausgeschlossen, ja in gewissem Umfang sogar notwendig, dass denselben wieder Befugnisse und Genussberechtigungen eingeräumt werden. Umgekehrt ist bei der Societas der Socius selbst berechtigt und verpflichtet und er steht in Folge davon zu dem Gesellschaftsvermögen, sowohl was die Verfügung über die Rechte und den Genuss der mit denselben verbundenen Vorteile als die Haftung für die Schulden betrifft, in intimeren Beziehungen als das Korporationsmitglied zu dem Vermögen der juristischen Person.

Aber in dieser Richtung sind Modifikationen möglich. Es können einmal dem Korporationsmitglied durch die Verfassung die verschiedenartigsten Befugnisse und Genussberechtigungen eingeräumt werden, so dass sich seine Stellung der eines Socius nähert und es kann andererseits auch die Stellung des Socius in der mannigfachsten Art eingeschränkt werden, so dass das Verhältniss dem bei der Korporation vorhandenen ähnlich wird. In dieser Richtung ist bekanntlich die moderne Rechtsentwicklung über das römische Societätsrecht hinausgegangen. Es sind im modernen Recht Einschränkungen des Socius durch den Societätsvertrag möglich, welche das römische Recht nicht zugelassen hat. Es mag in dieser Beziehung an den dauernden Ausschluss der Teilungsklage und an die Zulässigkeit bindender Majoritätsbeschlüsse erinnert werden.

So kann es kommen, dass ein Verein, der sich zunächst aus irgend welchem Grund — z. B. nach der Form der Entstehung oder weil er sich selbst so nennt — als Societät oder als juristische Person darstellt, durch Vertrag oder Verfassung so viele Einzelbestimmungen des andern Instituts in sich aufnimmt, dass es zweifelhaft wird, ob nicht eben dieses andere Institut als vorhanden anzunehmen ist. Insbesondere ist es ja bei den s. g. modificirten Societäten des modernen Rechts bestritten, ob dieselben noch Societäten seien oder ob man sie nicht als juristische Personen auffassen müsse. (Zu vergl. Windscheid, Pandekten §. 58 N. 5). Es kann auch sein, dass bei einem Verein weder durch den Namen noch durch die Entstehungsform noch sonst ein Hinweis auf die juristische

Person oder Societas erfolgt ist, dass auch nicht das Erfordernis staatlicher Genehmigung der Annahme einer juristischen Person entgegensteht. Dann muss auf Grund der für den Verein geltenden Einzelbestimmungen entschieden werden, ob Societas oder juristische Person vorliegt, eine Entscheidung, die sehr einfach ist, wenn ausschliesslich das Recht der Societas oder der juristischen Person gilt, aber schwierig, wenn die Bestimmungen aus beiden Gebieten gemischt sind.

Aus dem Vorstehenden ergibt sich, dass und in welchem Sinn Zwischenbildungen zwischen juristischer Person und Societas möglich sind. Eine rechtliche Erscheinung kann in dem Sinn in der Mitte zwischen juristischer Person und Societas stehen, dass teils die Einzelbestimmungen des einen, teils die des andern Instituts zur Anwendung kommen. Und wenn man nun mit der Annahme der juristischen Person oder der Societas nichts weiter sagen will, als dass das Recht der juristischen Person oder das der Societas gelte, so kann man sich auch zur Not den Ausdruck gefallen lassen, ein Verein sei teils juristische Person teils Societät.

Geht man aber davon aus, dass mit der juristischen Person die Anknüpfung des Vermögens an einen selbständigen, von den beteiligten Menschen verschiedenen Beziehungspunkt gegeben ist und dass gerade hierauf die fundamentale Unterscheidung von der Societas beruht, so kann es Mittelglieder zwischen den beiden Instituten nicht geben. Hat die Frage, juristische Person oder Societas in erster Linie den Sinn: findet Anknüpfung des Vermögens, der Rechte und Pflichten, an einen selbständigen Beziehungspunkt oder an die beteiligten Menschen statt, so kann die Frage meines Erachtens nur in dem einen oder andern Sinn entschieden werden. Von einer genaueren Begründung dieser Behauptung muss ich hier absehen; ich komme wohl in anderem Zusammenhang auf die Frage zurück und beschränke mich vorläufig darauf, zur Unterstützung meiner Ansicht auf Laband, Zeitschrift für Handelsrecht B. 30 S. 482 zu verweisen.

Die Frage, ob die besprochenen Zwischenbildungen zur juristischen Person oder zur Societas zu ziehen sind, kann in verschiedenem Sinn aufgeworfen und beantwortet werden. Es kann sich einmal um reine Klassifikations- und Formulirungsfragen handeln, denen keine praktische Bedeutung irgend welcher Art zukommt, während es andererseits auch möglich ist, dass die Annahme von juristischer Person oder Societas praktische Konsequenzen nach sich zieht, indem die in Frage stehende rechtliche Erscheinung durch jene Annahme irgend welchen Regeln unterstellt wird. Es kehren mithin hier ähnliche Fragen und Unterscheidungen wieder, wie sie schon oben gestellt und gemacht wurden. Nur hat es sich oben um die Subsumtion der juristischen Person unter allgemeinere Begriffe und um die zusammenfassende Formulirung der für die juristische Person geltenden Regeln gehandelt, während hier Erscheinungen des Lebens von zweifelhaftem juristischem Charakter unter den Begriff der juristischen Person oder unter den der Societas subsumirt und die für diese Erscheinungen geltenden Regeln durch die Subsumtion zu einem zusammenfassenden Ausdruck gebracht werden sollen.

Die Beachtung der praktischen Bedeutung, welche diese Untersuchungen möglicherweise haben können, ist auch deshalb von Wichtigkeit, weil bei den zuerst genannten Klassifikations- und Formulirungsfragen die Untersuchung vollständig unabhängig von dem Willen des Gesetzgebers ist. Handelt es sich dagegen darum, irgend einen Verein als juristische Person oder als Societas zu bezeichnen und ihn damit bestimmten Regeln zu unterstellen, so ist dies nur zulässig, wenn es dem Willen des Gesetzgebers oder, falls der Parteiwille auf diesem Gebiet souverän sein sollte, dem Willen der Parteien entspricht.

VIII.

Was zunächst die Klassifikations- und Formulirungsfragen ohne praktische Bedeutung betrifft, so könnte man versucht sein, in folgender Weise zu einer Entscheidung und Grenzziehung zu gelangen.

Wenn wir von der bisherigen Annahme ausgehen, in der alle Theorien übereinstimmen, dass bei der juristischen Person, respektive beim Zweckvermögen das Vermögen an einen neuen Beziehungspunkt angeknüpft wird, während bei der Societas die Rechte und Pflichten den einzelnen Individuen zustehen, so ist die Möglichkeit gegeben, dass die Einzelbestimmungen, welche die Machtstellung und Genussberechtigung der Mitglieder eines Vereins fixiren, mit Sicherheit und Notwendigkeit auf juristische Person oder Societas hinweisen. Sollte es Einzelbestimmungen in Bezug auf Verfügungsgewalt, Genussberechtigung, Haftung der Vereinsmitglieder geben, welche entweder die Annahme einer juristischen Person und damit eines neuen Beziehungspunktes für die Rechte unbedingt fordern oder mit der Annahme einer solchen unvereinbar sind, so könnte von einer derartigen Feststellung aus wohl eine Entscheidung der Frage erfolgen, ob ein bestimmter Verein als juristische Person zu bezeichnen ist. Wenn sich z. B. der Satz aufstellen liesse, dass die Haftung der Vereinsmitglieder für die Schulden des Vereins mit der Annahme einer juristischen Person unvereinbar sei oder dass der Ausschluss der Haftung der Vereinsmitglieder die Anerkennung einer juristischen Person unbedingt verlange, so wäre damit ein in weitem Umfang ausreichendes Kriterium für die Scheidung der Vereine in juristische Personen und Societäten gegeben. Aber ob sich ein derartiger notwendiger Zusammenhang als vorhanden nachweisen lässt, erscheint mir eben fraglich.

Mit der Annahme der juristischen Person ist allerdings zunächst die Loslösung des Vermögens von den beteiligten Menschen statuirt, aber daraus folgt nicht, dass dieselben nicht durch die Verfassung wieder in Verbindung mit dem Vermögen gebracht, dass ihnen nicht Genuss- und Verfügungsrechte eingeräumt und Verpflichtungen auferlegt werden können. Ich sehe nicht ein, weshalb hierdurch die Möglichkeit ausgeschlossen werden sollte — von der Frage, welche Auffassung die zweckmässigere ist, sehe ich zunächst ab — das Vermögen immer noch an die juristische Person als solche anzuknüpfen. Ich kann mich insbesondere nicht davon überzeugen, dass die Annahme einer juristischen Person unmöglich wird, wenn die Korporationsmitglieder für die Schulden der Korporation einzustehen haben. Allerdings wird der sekundäre Charakter dieser Verpflichtung nicht in Abrede zu stellen sein; denn wenn durch die Annahme einer juristischen Person die rechtlichen Beziehungen an diese geknüpft sind, so haftet derjenige, der für diese Schulden ebenfalls einzustehen hat, für eine fremde Verbindlichkeit, auch wenn eine Vorausklage gegen die juristische Person nicht notwendig ist. Die Verpflichtung der Korporationsmitglieder ist zwar keine reine Bürgschaftsverpflichtung, aber ist doch derselben verwandt (zu vergl. Mandry, der civilrechtliche Inhalt der Reichsgesetze S. 163).

Und ebenso scheint mir mit der Annahme einer juristischen Person nicht unvereinbar, dass das einzelne Korporationsmitglied in Korporationsangelegenheiten klagend auftreten kann. Es kann entweder eine besondere Legitimation zur Geltendmachung der der Korporation zustehenden Rechte vorliegen oder es können mit der Mitgliedschaft selbständige, gegen Dritte klagbare Rechte der Korporationsmitglieder verbunden sein.

Wenn umgekehrt bei der Societas die Einzelnen als die

Berechtigten und Verpflichteten bezeichnet werden, so ist damit ausgedrückt, dass der Einzelne in Bezug auf das gemeinschaftliche Vermögen nicht weiter eingeschränkt ist, als es die Gleichberechtigung der andern fordert oder der Societätsvertrag es bestimmt. Aber in diesem letzteren kann nun eine weitgehende Beschränkung und Bindung der einzelnen Gesellschafter statuirt werden, ohne dass deshalb die Möglichkeit aufhört, von einer Berechtigung und Verpflichtung der Einzelnen zu reden; denn weshalb sollte diese Möglichkeit aufhören, wenn dem Socius die Teilungsklage genommen, wenn er einem Majoritätsbeschluss unterworfen oder wenn seine Haftung auf seinen Gesellschaftsanteil oder einen zu zahlenden Beitrag beschränkt wird?

Die bisherigen Ausführungen gelten nur von der Annahme aus, dass in den Begriff der juristischen Person zunächst nichts weiteres hineingelegt wird, als dass das Vermögen an einen neuen Beziehungspunkt angeknüpft wird. Wenn man irgend eine Definition der juristischen Person aufstellt, in welche weitere Merkmale aufgenommen werden, so ist es wenigstens nicht unmöglich, dass sich dieselbe auch zu genauerer Abgrenzung der juristischen Personen verwenden lässt.

Ferner hängt die im Vorstehenden verteidigte Ansicht mit den früheren Ausführungen über die Bedeutung, welche die Verleihung eines Rechts hat und über den Begriff des Rechtssubjekts zusammen. Legt man in die Berechtigung irgend einen specielleren Sinn hinein, z. B. dass das Recht für die Schulden des Berechtigten haften müsse, so würden gewisse Einzelsätze mit der Annahme von juristischer Person oder Societas unvereinbar sein. Geht man dagegen von der oben verteidigten Anschauung aus, dass sich aus der Verleihung eines Rechts zwar gewisse Konsequenzen ergeben, dass dieselben aber durch beliebige andere Gestaltungen ausgeschlossen werden können, dass mithin die Verleihung eines Rechts eine rein provisorische Bedeutung haben kann, die durch weitere Normirung erst bestimmten Sinn und praktischen Wert zu erhalten hat, so wird man keine der vorstehend erwähnten Einzelgestaltungen mit der Annahme einer juristischen Person oder einer Societas für unvereinbar erklären müssen.

Die Untersuchung wird in Bezug auf die Grenzziehung zwischen juristischer Person und Societas wohl eher zu einem Resultat kommen, wenn sie nicht auf die Auffindung einer logischen Notwendigkeit, sondern auf den einfachsten und zweckmässigsten Ausdruck der für einen Verein geltenden Bestimmungen gerichtet ist.

Aus der Annahme einer juristischen Person oder einer Societas ergeben sich gewisse Konsequenzen, die Anwendung finden, sofern nicht die Verfassung oder der Societätsvertrag etwas Abweichendes bestimmt. Sucht man den einfachsten Ausdruck, so wird die Zahl der Abweichungen darüber entscheiden, ob juristische Person oder Societas anzunehmen ist; es wird der Formulirung der Vorzug zu geben sein, bei welcher die geringste Zahl von Abweichungen zu statuiren ist. Die Annahme einer juristischen Person oder einer Societas lässt sich auch als eine Zusammenfassung der Einzelbestimmungen betrachten und daraus ergibt sich die Bevorzugung der Formulirung, bei welcher eine Zusammenfassung in grösserem Umfang möglich ist.

Die Formulirungsversuche können sich hierbei auch noch weiter erstrecken und eine Zusammenfassung der Abweichungen anstreben; es kann juristische Person oder Societas angenommen und dabei versucht werden, durch einen kurzen zusammenfassenden Zusatz zum Ausdruck zu bringen, inwieweit Einzelbestimmungen des andern Rechtsinstituts zur Anwendung kommen. Ein derartiger Versuch ist zum Beispiel die Annahme einer Societas mit formeller oder kollektiver Personeneinheit. Da mehrmals der Versuch gemacht worden ist, eine derartige, sich gewissermassen nach verschiedenen Seiten wendende Formulirung zu finden, so war das Problem an dieser Stelle zu erwähnen, obgleich wenig Wahrscheinlichkeit vorhanden ist, dass eine befriedigende Lösung desselben gelingen wird.

Die vorstehenden Betrachtungen werden jedenfalls nicht zu ganz zweifellosen und sicheren Resultaten führen. Es kommt aber noch ein anderer Gedankengang in Betracht, der hier ebenfalls eingreift und zu der Annahme von juristischen Personen drängt, auch wo die obige Betrachtung nicht zu derselben führt.

Im Bisherigen ist als Grund für die Loslösung des Vermögens von den Einzelnen und die Anknüpfung desselben an einen neuen Beziehungspunkt die Einschränkung angeführt worden, welche den Korporationsmitgliedern in Bezug auf das Korporationsvermögen auferlegt wird. Aber noch ein anderer Grund kann dafür sprechen, nicht die Einzelnen als die Berechtigten und Verpflichteten anzuführen. Sofern bei den einem Verein angehörigen Personen dieselben Rechtsvorgänge gleichmässig eintreten, ist es naheliegend, bei Schilderung dieser Vorgänge nicht die einzelnen Beteiligten zu nennen, sondern dieselben wegen der Gleichartigkeit ihrer Schicksale unter einem Gesammtnamen zusammenzufassen und dann die Gesammtheit als solche, die Gesellschaft, den Verein als berechtigt und verpflichtet, als Rechte erwerbend, Verbindlichkeiten übernehmend darzustellen. Hierin liegt nun zunächst nur eine sprachlich bequeme Ausdrucksweise, welche von der juristisch-technischen Loslösung der Rechte von den Einzelnen wohl zu unterscheiden ist; aber die Annahme einer juristischen Person und diese sprachliche Form haben doch das gemeinsam, dass sie von den Einzelnen abstrahiren, und unter irgend einem Namen auf die Gesammtheit, hier streng juristisch, dort sprachlich Bezug nehmen. Und dieser Umstand scheint nun für die Annahme juristischer Personen im Gegensatz zu der Statuirung von Societäten in die Wagschale zu fallen. Der Sprachgebrauch des gewöhnlichen Lebens spricht ja nicht blos bei Gesellschaften, die sich der juristischen Person nähern, wie bei Vereinen mit grosser und wechselnder Mitgliederzahl zur Verfolgung idealer oder geselliger Zwecke davon, dass der Verein berechtigt und verpflichtet ist, dass der Verein handelt und kontrahirt, sondern auch bei ganz gewöhnlichen Gesellschaften wird von den Einzelnen abgesehen, indem die rechtlichen Ereignisse vielfach auf die Gesammtheit als solche bezogen werden. Und wenn dieser Sprachgebrauch einen genügenden Grund hat, so kann sich die juristische Formulirung durch denselben wohl in den Fällen beeinflussen, mithin zur Annahme juristischer Personen bestimmen lassen, in denen diese Annahme ungefähr ebenso naheliegend und möglich ist, wie die von Societäten.

IX.

Wenn einmal anerkannt wird, dass kein fester Zusammenhang zwischen der Annahme einer juristischen Person und gewissen Rechtssätzen stattfindet und wenn damit ein Spielraum für die Annahme von juristischen Personen, sowie die Möglichkeit, den gewöhnlichen Sprachgebrauch zu berücksichtigen, gegeben ist, so liegt auf der Hand, dass bei den bisher besprochenen reinen Klassifikations- und Formulirungsfragen zu einem sicheren, zweifellosen Resultat nicht zu gelangen ist. Um so grössere Bedeutung wird deshalb der zweiten oben erwähnten Frage, auf die nunmehr näher einzugehen ist, zukommen, ob nicht die Annahme einer juristischen Person oder einer Societas in der Weise möglich ist, dass sich aus derselben praktische Resultate ergeben, indem der betreffende Verein durch jene Annahme irgendwelchen Regeln unterstellt wird.

Bei der Untersuchung, welche praktische Bedeutung die Annahme und Abgrenzung der juristischen Person hat, ist es von fundamentaler Bedeutung, welche Stellung die Gesetzgebung zu der Zulässigkeit juristischer Personen einnimmt. Wenn eine juristische Person durch den Willen der Beteiligten allein zur Entstehung gebracht werden kann, so hat die Grenzziehung zwischen juristischer Person und Societas eine andere Bedeutung, als wenn die juristische Persönlichkeit vom Staat verliehen oder durch Beobachtung besonderer Formen erworben werden muss. Dagegen ist die Frage, ob die erstere oder die letztere der eben angeführten Möglichkeiten Platz greift, ob also das Koncessionssystem oder das System der Normativbestimmungen acceptirt ist, nicht von Wichtigkeit für die methodischen Untersuchungen. Es genügt deshalb, die beiden Möglichkeiten, um die sich der gemeinrechtliche Streit über die Entstehung juristischer Personen dreht, nämlich freie Bildung juristischer Personen und Notwendigkeit der staatlichen Verleihung juristischer Persönlichkeit, ins Auge zu fassen.

Wenn der Rechtssatz gilt, dass eine juristische Person zu ihrer Entstehung der staatlichen Koncession bedarf, so ist anzunehmen, dass der Gesetzgeber gewisse rechtliche Erscheinungen wie z. B. die beschränkte Haftung der Vereinsmitglieder, den Eintrag des Vereins als solchen in die Grundbücher nur dann gestattet, wenn er die juristische Persönlichkeit verliehen hat. Denn auf praktische Resultate, darauf dass etwas geschehen soll oder kann oder nicht geschehen soll, ist die gesetzgeberische

Thätigkeit ausschliesslich zu richten, während Namengebungen oder juristische Konstruktionen nicht zu der Aufgabe des Gesetzgebers gehören. Die Anordnung staatlicher Koncessionirung wird deshalb nicht den Sinn haben, dass ohne staatliche Genehmigung der Name juristische Person nicht gebraucht oder die Denkform, die das Vermögen an einen neuen, selbständigen Beziehungspunkt anknüpft, keine Verwendung finden darf. Ist dies richtig, so erhebt sich nun vor allem die Frage, welches die Rechtsgestaltungen, die praktischen Resultate sind, die ausschliesslich auf dem Boden der juristischen Person, also in Folge staatlicher Koncessionirung hergestellt werden können. Diese Frage bedarf umsomehr einer eingehenden Behandlung, als, wie schon erwähnt, auf dem Gebiet der römischen Societas zweifellos eine Entwicklung in der Richtung stattgefunden hat, dass manche Erscheinungen, die im römischen Recht nur bei juristischen Personen vorkommen konnten, nun auch bei durch formlosen Vertrag begründeten Societäten möglich sind. Die genaue Scheidung der Rechtswirkungen, welche auch bei der staatlich nicht koncessionirten Societät herbeizuführen sind, von denen, die nur bei der juristischen Person vorkommen können, die Erkenntniss, welches Plus von Rechtswirkungen durch die Verleihung der juristischen Persönlichkeit zugänglich gemacht wird, sind natürlich die erste Vorbedingung für die Behandlung der Frage, ob es richtig ist, den Erwerb der juristischen

Persönlichkeit von der staatlichen Genehmigung abhängig zu machen. Wenn gewisse Erscheinungen nur auf dem Gebiet der juristischen Person, also nur mit staatlicher Genehmigung realisirt werden können, kommt dem Begriff der juristischen Person insofern praktische Bedeutung zu, als der Gesetzgeber sich dieses Ausdrucks bedienen kann und wird, um die betreffenden Möglichkeiten zu eröffnen. Und die Abgrenzung der juristischen Person erledigt sich hier zunächst einfach durch den Hinweis auf die staatliche Genehmigung. Aber man wird doch nicht sagen können, dass juristische Personen ausschliesslich in dem Fall der staatlichen Koncessionirung vorhanden seien. Auch wenn die Verleihung der juristischen Persönlichkeit in der Regel durch ausdrückliche Erklärung der Staatsgewalt erfolgt, so wird dem Staat doch nicht die Möglichkeit genommen sein, einen Verein auch noch auf andere Weise zur juristischen Person zu machen. Wenn die Gesetzgebung einem Verein alles das gestattet und ermöglicht, was der juristischen Person eigen ist, so wird die Theorie mit Recht keinen Anstand nehmen, denselben für eine juristische Person zu erklären. Nun kann es aber auch vorkommen, dass bei einem Verein, und zwar auf Grund gesetzlicher Statuirung, einzelne jener Eigenschaften der juristischen Person, aber nicht alle vorhanden sind. Ist es dann zulässig zu sagen, der Verein hat einige der Eigenschaften, die nur bei der juristischen Person vorkommen, ist demnach eine juristische Person und es sind ihm deshalb auch die übrigen Eigenschaften der juristischen Person beizulegen, auch wenn der Gesetzgeber nicht ausdrücklich von denselben redet? In diesem Fall ist die Annahme einer juristischen Person von praktischer Bedeutung, sie führt dazu, den Verein weiteren Rechtsregeln zu unterstellen, die bis jetzt noch nicht ausdrücklich für ihn ausgesprochen waren. Aber offenbar ist eine derartige Operation nicht ohne weiteres zulässig; sie bedarf vielmehr zu ihrer Rechtfertigung des Nachweises, dass nach dem vermutlichen Willen des Gesetzgebers mit der Verleihung des einen Merkmals auch das andere verliehen ist, wie wenn also zum Beispiel gesagt werden könnte, dass ein Verein, indem ihm vom Gesetzgeber die Möglichkeit verliehen wird, Schulden mit beschränkter Haftung zu kontrahiren, damit zugleich auch nach dem vermutlichen Willen des Gesetzgebers das Recht erhält, sich als Verein in die öffentlichen Bücher eintragen zu lassen. Es geht aus diesem Beispiel jedenfalls hervor, dass ein derartiger Zusammenhang sich durchaus nicht von selbst versteht, seine Annahme vielmehr einer eingehenden Rechtfertigung bedarf. Als unmöglich ist aber ein solcher Zusammenhang ebensowenig zu bezeichnen, es ist insbesondere möglich, dass man mit folgendem Gedankengang den richtigen Sinn des Gesetzes trifft: der Gesetzgeber hat eine nur bei juristischen

Personen vorkommende Eigenschaft statuirt, er hat demnach den Verein als eine juristische Person angesehen und es entspricht deshalb seinem Willen, dass der Verein in jeder Richtung wie eine juristische Person behandelt wird. Aber auch dieser Gedankengang kann wieder nur als möglich, nicht als ohne weiteres zutreffend bezeichnet werden.

Dass der Begriff der juristischen Person ein wertvoller wäre, wenn die vorstehend geschilderten Operationen möglich wären, wird nicht zu leugnen sein. Es ist deshalb eine Aufgabe der Untersuchung, festzustellen, ob die genannten Zusammenhänge im Sinn des Gesetzgebers vorhanden sind. Besteht zwischen den verschiedenen Eigenschaften der juristischen Person ein derartiger Zusammenhang, dass von der einen auf die andere geschlossen werden kann, gibt es Eigenschaften der juristischen Person, deren Vorhandensein allein schon den Schluss zulässt, dass der Gesetzgeber juristische Person und in Folge davon das gesammte Recht derselben gewollt hat?

In der bisherigen Darstellung wurde nur auf diejenigen Einzelsätze Bezug genommen, welche sich aus der Anknüpfung des Vermögens an einen neuen Beziehungspunkt als Konsequenz ergeben. Es kann nun aber auch sein, dass der Gesetzgeber weitergehende Normirungen in Bezug auf die juristische Person getroffen hat, z. B. in Bezug auf die Art der Abstimmungen oder auf die Vertretung. Und zwar können dieselben dispositiver oder absoluter Natur sein, je nachdem sie durch die Verfassung der juristischen Person beseitigt werden können oder nicht. In Bezug auf die durch die betreffenden Bestimmungen begründeten Eigenschaften der juristischen Personen erhebt sich dann wieder die Frage, ob hier ein Zusammenhang in der eben besprochenen Weise angenommen werden kann.

Wenn die Bildung der juristischen Person frei gegeben ist, also durch den formlos erklärten Parteiwillen erfolgen kann, so ist auch hier wieder sicher, dass die Parteien, welche sich des Ausdrucks juristische Person bedienen, im Zweifel alles das wollen, was aus jenem Ausdruck folgt. Und wenn umgekehrt ein Verein das alles im Einzelnen statuirt hat, ohne sich juristische Person zu nennen, so wird auch hier kein Hinderniss vorhanden sein, juristische Person anzunehmen. Aber auch hier ist die Möglichkeit gegeben, dass die Parteien die Merkmale der juristischen Person teilweise verabredet haben. Dann liegt der Schluss nahe, dass sie auch die anderen Merkmale gewollt haben und derselbe ist dann zulässig, wenn sich im Sinn der Parteien eine derartige Zusammengehörigkeit der Merkmale annehmen lässt. In diesem Fall wäre ein wertvoller, weiterführender Begriff der juristischen Person, der dem dispositiven Rechte angehören würde, vorhanden. Der Unterschied von dem Koncessionssystem besteht nur darin, dass bei letzterem die Zusammengehörigkeit im Sinn des Gesetzgebers vorhanden sein muss, während im andern Fall die Zusammengehörigkeit im Parteiwillen zu suchen ist. Hierbei ist natürlich nicht ausgeschlossen, dass es schliesslich dieselben Gründe und Betrachtungen sind, welche sowohl auf dem einen als auf dem andern Gebiet zu der Annahme eines Zusammenhangs führen.

Die bisher dargelegten Gedankengänge müssen, wie schon erwähnt, in erster Linie bei der viel verhandelten Frage Beachtung finden, ob die modificirten Societäten des modernen Rechts als Societäten oder als juristische Personen aufzufassen seien. Zur weiteren Illustration des Vorgetragenen will ich noch auf die Theorie, welche Gierke in dieser Richtung aufgestellt hat, wenigstens soweit eingehen, um die Anwendung der von mir vertretenen Anschauung zeigen und die sich aus ihr ergebende Fragestellung klar legen zu können.

Gierke verlangt in seiner Genossenschaftstheorie (S. 79), dass die modificirten Societäten als juristische Personen anerkannt werden sollen und dass daneben noch, falls die staatliche Verleihung juristischer Persönlichkeit vorkommt, eine besondere Art autoritativ anerkannter und mit gewissen Privilegien versehener juristischer Personen angenommen wird. Bei dieser Auffassung wird auf jene modificirten Societäten nicht das volle Recht der juristischen Personen angewandt und man gelangt so zu einer Dreiteilung in Societäten, gewöhnliche und privilegirte juristische Personen.

Gierke wird natürlich die Rechtfertigung seiner Behauptung in erster Linie in seinem Körperschaftsbegriff finden und hierauf kann in diesem Zusammenhang nicht näher eingegangen werden.

Ferner kann ich die Behauptung Gierkes, dass diese modificirten Societäten juristische Personen seien, hier nicht näher besprechen, da die methodischen Grundlagen dieser Frage schon im Bisherigen genügend erörtert sind, eine Entscheidung der Frage selbst aber in diesem Zusammenhang nicht beabsichtigt wird. Ich will hier nur die Frage behandeln, welche Voraussetzungen erfüllt sein müssen, um jene Dreiteilung zu rechtfertigen und welcher Sinn und Wert derselben eventuell beizulegen ist.

Die Dreiteilung könnte sich zunächst ausschliesslich vom Standpunkt der Formulirung oder Klassifikation aus rechtfertigen. Es könnte sich ergeben, dass ausserhalb der staatlich anerkannten juristischen Personen auch noch vermögensrechtliche Erscheinungen vorkommen, welche die Anknüpfung des Vermögens an einen neuen Beziehungspunkt notwendig machen, wenn auch das volle Recht der juristischen Person keine Anwendung finden kann. Dass sich übrigens dieses Resultat ergeben sollte, ist nach den obigen Ausführungen nicht wahrscheinlich. Viel eher könnte es sein, dass sich die Annahme eines selbständigen Beziehungspunktes für das Vermögen nur als naheliegend erweist. Damit verliert aber, wie oben schon gezeigt wurde, die Frage an Bedeutung und noch mehr dürfte dies dann der Fall sein, wenn sich die Bildung einer selbständigen Gruppe nicht auf den Vorschlag einer besonderen juristischen Formulirung, sondern nur auf die verschiedene wirtschaftliche Bedeutung der in Frage stehenden rechtlichen Erscheinungen stützt. Dass den modernen Vereinen zur Verfolgung gemeinnütziger, wissenschaftlicher, künstlerischer Zwecke eine andere wirtschaftliche Bedeutung zukommt, als den Gebilden, welche die römischen Juristen bei Besprechung der Societät im Auge haben, ist natürlich nicht in Abrede zu stellen und wenn deshalb jemand derartige Vereine unter irgend einem Namen zusammenfassen will, so wird dagegen nichts einzuwenden sein. Nur wenn es sich um die Einführung eines neuen Begriffs mit festem technischem Namen in die Jurisprudenz handelt, so wird zu beachten sein, dass jede Vermehrung unserer technischen Ausdrücke für die Lernenden und zugleich für die Uebersichtlichkeit unserer Wissenschaft von Uebel ist, so dass die Einführung eines neuen terminus technicus durch eine wertvolle Verwendung, die von demselben gemacht werden kann, zu rechtfertigen ist. Und dann wird noch weiter zu berücksichtigen sein, ob eine scharfe

Abgrenzung der durch den neuen Begriff und Namen zusammengefassten Fälle möglich ist.

Aber auch hier kann es sich nicht blos um Formulirungs- und Klassifikationsfragen, sondern auch wieder darum handeln, ob nicht auf Grund von Zusammengehörigkeiten irgend welcher Art eine wert- und bedeutungsvolle Begriffsbildung zu erzielen ist. Die modificirten Societäten entstehen anerkanntermassen wie die Societäten des römischen Rechts durch den Parteiwillen und unterscheiden sich von den letzteren durch eine Anzahl von Merkmalen, die bei der römischen Societas nicht vorkommen konnten. Wenn nun zwischen diesen Merkmalen ein derartiger Zusammenhang bestünde, dass der Parteiwille, welcher die einen statuirt hat, im Zweifel auch auf die andern gerichtet ist, so wäre mit einem diese Zusammengehörigkeit zum Ausdruck bringenden Begriff der modificirten Societät ein wertvoller Begriff des dispositiven Rechts gegeben, der zur Ergänzung des Parteiwillens verwendet werden könnte. Und hierin würde eine vollständige Rechtfertigung dafür liegen, die modificirte Societät der gewöhnlichen Societät als selbständigen Begriff gegenüberzustellen und die Sonderung würde unabhängig davon sein, ob bei den modificirten Societäten die Anknüpfung des Vermögens an ein neues Subjekt stattfindet oder ob sie in dieser Richtung von den gewöhnlichen Societäten nicht unterschieden werden.

X.

Aus der Darstellung des letzten Abschnitts ergibt sich, dass dem Begriff juristische Person eine verschiedenartige Verwendung zukommen kann und dass infolge davon auch verschiedenartige Gesichtspunkte auf seine Bestimmung und Abgrenzung Einfluss haben können.

Aus dem Begriff der juristischen Person, respektive aus der Anknüpfung eines Vermögens an einen selbständigen, von den beteiligten Menschen verschiedenen Beziehungspunkt ergeben sich gewisse Konsequenzen und der Gesetzgeber kann sich infolge davon des Begriffs der juristischen Person bepienen, um jene Konsequenzen anzuordnen. Bei diesem gesetzgeberischen Vorgehen ist auch möglich, dass durch positive Bestimmung noch Weiteres in den Begriff der juristischen Person hineingelegt wird, was dann stets als angeordnet gilt, sobald eine juristische Person entstanden ist.

In dem Begriff der juristischen Person kann nun aber auch der Gedanke liegen, dass die Merkmale der juristischen Person zusammengehören, so dass aus dem Vorhandensein des einen auf die andern geschlossen werden kann. Wir erhalten dann einen Interpretationsbegriff oder einen Begriff des dispositiven Rechts, je nachdem die Zusammengehörigkeit in dem vermutlichen Willen des Gesetzgebers oder in dem der Parteien ihren Grund hat.

Die juristische Person kann endlich als Formulirungsmittel in Betracht kommen, indem durch ihre Verwendung die passendste und sachgemässeste Darstellung gewisser Rechtsverhältnisse erzielt wird.

Der Begriff der juristischen Person ist in gewissem Umfang bei allen diesen Verwendungsarten derselbe; es liegt in demselben stets, dass das Vermögen mit einem selbständigen Beziehungspunkt in Verbindung gebracht wird. Die verschiedene Verwendung des Begriffs hat darin ihren Grund, dass dieselbe sowohl durch den Gesetzgeber als durch die Wissenschaft erfolgen kann. Der Gesetzgeber kann, wie schon bemerkt, durch Verwendung des Begriffs gewisse rechtliche Wirkungen anordnen, während die Wissenschaft von gegebenen rechtlichen Wirkungen auszugehen und auf dieselben unter Umständen den Begriff der juristischen Person anzuwenden hat. Diese Anwendung ist dann eine einfache, wenn alle Konsequenzen des Begriffs realisirt sind. Soll aber mit dem Begriff der juristischen Person auch dann operirt werden, wenn in den zunächst positiv gegebenen Bestimmungen, die einen Verein betreffen, nicht das volle Recht der juristischen Person enthalten ist, so müssen Bestimmungen in der Richtung vorliegen, dass auch einzelne Merkmale der juristischen Person hinreichen, um die Annahme derselben zu rechtfertigen. Diese Bestimmungen können darin ihren Grund haben, dass gewisse Merkmale schon für sich allein die Annahme einer juristischen Person empfehlenswert machen, insbesondere aber darin, dass einzelne Merkmale wegen eines vorhandenen Zusammenhangs die andern nach dem vermutlichen Willen des Gesetzgebers oder der Parteien nach sich ziehen. Sollen rechtliche Erscheinungen, die nicht ausdrücklich vom Gesetzgeber als juristische Personen anerkannt sind und bei denen nicht das volle Recht derselben ausdrücklich statuirt ist, doch dem Begriff der juristischen Person unterstellt werden, so müssen in den Begriff noch Bestimmungen darüber aufgenommen werden, welche Merkmale für die Annahme einer juristischen Person entscheidend sind und der Begriff bildet dann den abgekürzten Ausdruck für gewisse Interpretationen, die in Bezug auf den Willen des Gesetzgebers oder der Parteien zulässig sind.

Die Funktion des Begriffs der juristischen Person, dass sich der Gesetzgeber desselben bedienen kann, um bestimmte

Wirkungen anzuordnen, ist nicht zu beanstanden. Ob der Begriff auch noch andere Funktionen haben kann, für den er durch weitere Präcisirung erst brauchbar zu machen ist, hängt davon ab, ob sich die schon mehrfach erwähnten Zusammenhänge nachweisen lassen. Auf diese wird sich deshalb die Detailuntersuchung in erster Linie zu richten haben. Hermann Lotze bezeichnet in der Einleitung seiner Logik die begründete Verknüpfung des Zusammengehörigen als die Aufgabe des menschlichen Denkens und damit stimmt nun auch die vorliegende Untersuchung in ihrem allgemeinsten Resultat überein.

Wer sich bei einer wissenschaftlichen Arbeit auf Pfaden bewegt, die von der allgemein betretenen Heerstrasse mehr oder weniger entfernt sind und häufig Ansichten Anderer bekämpft, der wäre thöricht, wenn er es nicht für möglich und wahrscheinlich hielte, dass er selbst Fehler gemacht hat. Und diese Wahrscheinlichkeit ist um so grösser als hier die methodischen Betrachtungen publicirt werden, bevor die materiellen Untersuchungen zum Abschluss gebracht sind. Nur in einer Richtung scheint mir ein Fehler kaum möglich zu sein. In der bisherigen Litteratur finden sich derartige methodische Untersuchungen, wie ich sie hier angestellt habe, nicht. Man glaubt, ich möchte sagen ins Blaue hinein, nach Wesen und Natur der juristischen Personen im Allgemeinen oder wenigstens unter Beschränkung auf das römische, das moderne Recht fragen, diese Fragen durch eine kurze Definition fassen und den Streit um die letzteren, um die Abgrenzung der juristischen Person, um die Beseitigung derselben durch Anerkennung des Zweckvermögens behandeln und zum Austrag bringen zu können, ohne sich vorher genau über den Sinn der Fragen und die Mittel der Lösung verständigt zu haben. Dass diese Anschauung unhaltbar und methodische Betrachtungen in der Lehre von der juristischen Person notwendig sind, wird hoffentlich aus der vorstehenden Untersuchung hervorgehen.